| 外 国 民 事 诉 讼 法 译 丛 |

主编 张卫平 齐树洁

RUSSIAN CODE OF CIVIL PROCEDURE

俄罗斯民事诉讼法典

程丽庄 张西安 译

厦门大学出版社
XIAMEN UNIVERSITY PRESS
国家一级出版社
全国百佳图书出版单位

图书在版编目(CIP)数据

俄罗斯民事诉讼法典/程丽庄,张西安译.—厦门:厦门大学出版社,2017.11
(外国民事诉讼法译丛)
ISBN 978-7-5615-6744-9

Ⅰ.①俄⋯　Ⅱ.①程⋯②张⋯　Ⅲ.①民事诉讼法-俄罗斯　Ⅳ.①D951.251

中国版本图书馆 CIP 数据核字(2017)第 263539 号

出 版 人	蒋东明
责任编辑	邓　臻
装帧设计	李夏凌
技术编辑	许克华

出版发行	厦门大学出版社
社　　址	厦门市软件园二期望海路 39 号
邮政编码	361008
总 编 办	0592-2182177　0592-2181406(传真)
营销中心	0592-2184458　0592-2181365
网　　址	http://www.xmupress.com
邮　　箱	xmup@xmupress.com
印　　刷	厦门集大印刷厂

开本	720mm×1000mm　1/16
印张	11
插页	2
字数	202 千字
版次	2017 年 11 月第 1 版
印次	2017 年 11 月第 1 次印刷
定价	88.00 元

本书如有印装质量问题请直接寄承印厂调换

厦门大学出版社
微信二维码

厦门大学出版社
微博二维码

总　序

张卫平

　　一个伟大的民族应该是最善于学习和借鉴的民族。中华民族欲实现自己文明的伟大复兴,就必须向世界学习,吸取社会发展的知识,以人类的智慧丰富自己。除了自然科学知识之外,社会管理、法律治理的知识和制度也是我们必须学习和借鉴的。中华民族具有悠远、伟大、灿烂的文明历史,但对近现代的法治而言,中国才刚刚起步。在我们下定决心走向现代法治之路时,我们便应该以无限开放的姿态和观念,学习、借鉴、接纳国外发达法治国家的理论和制度的精华。他国的实践和经验是人类最有价值的共同财富。

　　诚然,各国的历史、文化、观念、政治等有所不同,每个国家都有自己走过的路,中国亦有自己特定的历史发展路径和社会背景。但是,人类发展过程中总是有许多共性,在法律治理、依法治国、纠纷解决方面总是会面临同样的问题。这是作为人的存在、社会的存在的必然。人类社会发展的价值观总是有诸多共同的面相。这些共同的价值观决定了人们在处理纠纷解决的问题时,在其制度建构方面具有同样的追求,因而会设计和构建出充分体现其聪明才智的制度。因此,我们没有理由拒绝这些智慧,单凭自己的想象走一条完全陌生的道路。可以说,所有的制度创新,其前提都是学习和借鉴。没有学习和借鉴,就不可能有所创新,有所创造,民事诉讼制度亦是如此。

　　在民事诉讼法的制度建构方面,我国已有长足的进步,但与发达国家相比,依然还有很大的差距。尤其是对程序和程序正义,我们在传统和观念方面尚无足够的重视。民事诉讼法的制度建构远不能与实体法制度的建构相比,远远滞后于实体法的制度建设。我们不得不面对民事诉讼法和民事诉讼程序还相当粗疏、尚有诸多缺失的现实。与此同时,我们却还常常质疑现代法律和程序的精致性。实质上这种精致和严密恰恰反映了人们对纠纷解决程序正义的追求,也体现了人类社会发展的大趋势。一个复杂的社会的纠纷解决机制不可能是简单和粗陋的。当然,我们没有必要将每一种程序都推向极致的严密,而应当从多元化、多样化角度考虑,使之呈现多元化和多样化的"树形"构建和布局。民事诉讼法的现代建构与现代农业的发展一样,离不开精细化的作业。

我们注意到,相对而言,实体法的发展更注意对先进制度的学习和借鉴,更充分地吸纳发达国家的实体法制度。由于司法制度的政治、历史原因,对域外民事诉讼法的学习和借鉴会遭遇更强烈的本土意识和传统意识的自觉抵制,因而更容易受到排斥。因此,我们更需要在观念上、心理上克服这种人为的封闭和自缚,以更开放的姿态学习和借鉴国外程序法制度的经验。只有这样,才能充分发挥我国在法治发展方面的"后发优势",使我们的民事诉讼法成为一部先进的法典,成为一部最具现代法治精神和理念的民事诉讼法。

民事诉讼法典是民事诉讼规范的基本文本,对域外民事诉讼制度的了解,重要的途径之一就是学习和研究该国的民事诉讼法典。对国外民事诉讼法典的学习和研究是我们了解国外民事诉讼制度的开端。厦门大学出版社组织翻译、出版这套外国民事诉讼法译丛无疑是有远见和气魄的。相信这套译丛的出版将对我国民事诉讼法学的发展和民事诉讼制度的建设起到十分重要的作用。在此,我们要真诚地感谢厦门大学出版社。可以毫不夸张地说,厦门大学出版社已经成为我国民事诉讼法学发展的一个重要基地。

翻译是一种学术、艺术和科学的作为,更是一项十分辛苦的作业,尤其是在人们片面强调所谓创新、翻译作品不计入学术研究成果的当下,翻译对于青年学者更是缺乏进阶价值的作为。因此,从事法典的翻译无疑是一种牺牲和奉献。民事诉讼法典的翻译要做到严复先生提倡的"信、达、雅",就绝不是语言的简单转换,必须准确理解诉讼制度的精神和结构,方能实现传意性、相似性和可接受性。其中既需要译者对域外诉讼制度有正确把握,也需要译者对我国诉讼制度有一定的了解。为此,我们要向这些不计名利、辛苦劳作的译者们致敬。

就我国的近代历史而言,似乎呈现着这样一种现象:每当大量国外译介作品问世时,就有可能预示新一轮社会的改革和发展。我们相信,"外国民事诉讼法译丛"的问世也将助推我国民事诉讼制度和民事诉讼法学新一轮的兴盛。

2015 年 8 月 6 日

(作者系清华大学法学院教授、中国民事诉讼法学研究会会长)

目 录

第一编　总则	1
第1章　基本规定	1
第2章　审判组织　回避	6
第3章　主管与审判管辖	8
第4章　案件参加人	14
第5章　诉讼代理	18
第6章　证据与证明	20
第7章　诉讼费用	31
第8章　诉讼罚款	35
第9章　诉讼期间	36
第10章　法院的通知和传唤	37
第二编　第一审法院的程序	41
第一分编　命令程序	41
第11章　法院命令	41
第二分编　诉讼程序	45
第12章　起诉	45
第13章　诉讼保全	48
第14章　法庭审理的准备	51
第15章　开庭审理	55

第 16 章　法院判决　　　　　　　　　　　　66

第 17 章　中止诉讼程序　　　　　　　　　71

第 18 章　诉讼终止　　　　　　　　　　　73

第 19 章　对诉讼申请不予审理　　　　　　74

第 20 章　法院裁定　　　　　　　　　　　75

第 21 章　笔录　　　　　　　　　　　　　76

第 21.1章　简易程序　　　　　　　　　　77

第 22 章　缺席审判　　　　　　　　　　　80

第 22.1章　请求对违反审判期限和执行法院
裁判期限审理的程序　　　　　　　　　　82

第 22.2章　根据俄罗斯联邦签署的国际条约
要求归还孩子或实现孩子探视权的程序　　83

第三分编　公共法律关系案件的审理　　87

第四分编　特别程序　　　　　　　　　88

第 27 章　一般规定　　　　　　　　　　　88

第 28 章　认定法律事实　　　　　　　　　89

第 29 章　收养　　　　　　　　　　　　　90

第 30 章　认定公民失踪、宣告公民死亡　　93

第 31 章　限制公民行为能力,认定公民无行为能
力,限制或剥夺年满 14 岁不满 18 岁的未成年人独
立处分自己收入的权利　　　　　　　　　94

第 32 章　宣告未成年人具有完全行为能力　97

第 33 章　认定动产为无主财产或认定自治地方对
无主不动产的所有权　　　　　　　　　　98

第 34 章　恢复遗失的无记名有价证券或凭证式有
价证券的权利(公示催告程序)　　　　　100

第 35 章　强制公民到精神病住院机构和强制精神
病检验　　　　　　　　　　　　　　　102

第 36 章　更正或修改户籍登记错误案件的审理　102

第 37 章　对公证行为或拒绝实施公证行为申请
的审理　　　　　　　　　　　　　　　103

外国民事诉讼法译丛

俄罗斯民事诉讼法典

第 38 章　已失效诉讼程序的恢复　　　　　　　　104

第三编　第二审法院的诉讼程序　　　　　107

第 39 章　上诉审程序　　　　　　　　　　　107
第 40 章　上诉审法院的诉讼程序　　　　　　116

第四编　已经发生法律效力的法院裁判的再审　117

第 41 章　法律审查法院的程序　　　　　　　117
第 41.1 章　监督审法院程序　　　　　　　　125
第 42 章　根据新发现的情况对已经发生法律
　　　　　效力的法院裁判再审　　　　　　132

第五编　涉外案件的诉讼程序　　　　　135

第 43 章　一般规定　　　　　　　　　　　135
第 44 章　俄罗斯联邦法院对涉外案件的审判
　　　　　管辖　　　　　　　　　　　　　136
第 45 章　外国法院判决和外国仲裁裁决的
　　　　　承认与执行　　　　　　　　　　139
第 45.1 章　外国国家参加诉讼　　　　　　　144

第六编　协助和监督仲裁庭执行的程序　149

第 46 章　对仲裁庭裁决异议案件的程序　　　149
第 47 章　要求发出仲裁裁决强制执行命令
　　　　　案件的程序　　　　　　　　　　153
第 47.1 章　法院协助仲裁庭案件的程序　　　157

第七编　与执行法院裁判或其他机关决议有关的程序　161

外国民事诉讼法译丛·俄罗斯民事诉讼法典

●

目录

●

俄罗斯联邦民事诉讼法典

ГРАЖДАНСКИЙ ПРОЦЕССУАЛЬНЫЙ КОДЕКС РОССИЙСКОЙ ФЕДЕРАЦИИ

联邦法律 14. 11. 2002 N 138-ФЗ

俄罗斯联邦国家杜马 2002 年 10 月 23 日通过

俄罗斯联邦委员会 2002 年 10 月 30 日批准

（编辑至 2016 年 7 月 3 日）

第一编　总则(ОБЩИЕ ПОЛОЖЕНИЯ)

第1章　基本规定(ОСНОВНЫЕ ПОЛОЖЕНИЯ)

第 1 条 民事诉讼立法（Законодательство о гражданском судопроизводстве）

1. 联邦普通法院民事诉讼程序由《俄罗斯联邦宪法》、《俄罗斯联邦法院体系法》、本法典和依照前述法律制定的其他联邦法律规定。治安法官民事诉讼程序,还应遵守《俄罗斯联邦治安法官法》的规定。

2. 俄罗斯联邦签署的国际条约与上述法律规定不同的,适用国际条约规定。

3. 民事诉讼应当遵守审理和解决民事案件、实施诉讼行为时或执行法院裁判(法院命令、法院判决、法院裁定、监督审法院主席团裁定)和其他机关的决定时有效的联邦法律。（联邦法律 28. 07. 2004 N 94 ФЗ）

4. 如果没有调整民事诉讼过程中所产生关系的诉讼法规范,联邦普通法院与治安法官（下称法院）应该适用调整相近关系的规范（法律类推）；没有相近规范的,则根据俄罗斯联邦实现司法公正的原则工作（法的类推）。

第 2 条 民事诉讼的任务(Задачи гражданского судопроизводства)

民事诉讼的任务是正确、及时地审理和解决民事案件,维护公民、组织被侵犯的和发生争议的权利、自由和合法利益,维护俄罗斯联邦、俄罗斯联邦各主体、地方自治组织以及民事关系、劳动关系或其他法律关系主体的权利和利益。民事诉讼应该增强法制和法律秩序,预防违法行为,促成对法律和法院的尊重。

第 3 条　向法院起诉的权利(Право на обращение в суд)

1. 利害关系人有权依照民事诉讼立法规定的程序向法院起诉,维护被侵犯的或发生争议的权利、自由或合法利益。(联邦法律 28.07.2004 N 94-ФЗ)

2. 不得拒绝向法院起诉的权利。

3. 第一审法院对属于法院管辖的民事法律关系争议作出实体裁判前,当事人可以协议将案件移送至仲裁庭审理,联邦法律另有规定的除外。

第 4 条　法院启动民事案件(Возбуждение гражданского дела в суде)

1. 法院根据维护其权利、自由和合法利益的当事人的申请启动民事案件。

2. 在本法典、其他联邦法律规定的情况下,可以根据以自己的名义维护他人、不特定范围的人的权利、自由和合法利益或者维护俄罗斯联邦、俄罗斯联邦各主体、地方自治组织利益的人的申请启动民事案件。

第 5 条　法院独享审判权(Осуществление правосудия только судами)

属于普通法院管辖的民事案件,只能由普通法院根据民事诉讼立法规定的规则审判。

第 6 条　在法律和法院面前一律平等(Равенство всех перед законом и судом)

民事案件的审判原则是所有公民和组织在法律和法院面前一律平等。无论公民的性别、种族、民族、语言、出身、财产状况、职务、地位、住所地、对宗教的态度、信仰、社会团体属性和其他情形,无论组织的形式、所有制形式、住所地、隶属关系和其他情形。

第 6.1 条　诉讼和法院裁判执行的合理期限(Разумный срок судопроизводства и разумный срок исполнения судебного постановления)(联邦法律 30.04.2010 N 69-ФЗ)

1. 诉讼和执行法院裁判都应当有合理的期限。

2. 法院审理民事案件的期限由本法典规定。在本法典规定的情况下，上述期限可以延长，但是诉讼必须有确定的期限。

3. 法院审理案件期限的确定，从提交诉状或向一审法院申请时起至法院作出最终裁判时止。确定审理期限应考量案件的法律复杂性、事实复杂性、民事诉讼参加人的诉讼行为所需时间，法院为准确、有效审理和后续审理目的所需行为的时间。

4. 法官的替换、审级等法院组织工作不能成为超过诉讼审理期限的理由。

5. 本条第 3 款和第 4 款审理期限的规定，适用于确定执行法院裁判的期限。

6. 如果法院受理诉状或进入诉讼后长时间未审结，或法院拖延审理，利害关系人有权向法院院长申请加快审理案件。

7. 法院院长自收到加快案件审理申请后 5 日内审查该申请。根据审查结果，法院院长可以作出有根据的裁定，要求审判庭加快案件审理和（或）实施加快案件审理的诉讼行为。

第 7 条 独任审理和合议庭审理（Единоличное и коллегиальное рассмотрение гражданских дел）

1. 第一审民事案件由第一审法院法官独任审理或者依照联邦法律规定由合议庭审理。

2. 本法典规定法官有权独任审理民事案件、实施诉讼行为的，法官应以法院的名义进行。

3. 对未发生法律效力的治安法官裁判的上诉，由相应区法院法官按照上诉审程序独任审理。

4. 除本条第 3 款和本法典第 335.1 条第 1 款规定的情形外，上诉审法院、法律审查审和监督审法院组成合议庭审理民事案件。（联邦法律 09.12.2010 N 353-ФЗ）

第 8 条 法官独立（Независимость судей）

1. 法官审判独立，只服从《俄罗斯联邦宪法》和联邦法律。

2. 法官审理和解决民事案件不受外界影响。任何对法官审判活动的干涉均应予禁止并承担法律规定的责任。

3. 法官独立的保障由《俄罗斯联邦宪法》和联邦法律规定。

4. 法官、法院院长、副院长、审判庭庭长、合议庭审判长在民事诉讼中收到国家机关、地方自治机关、其他机构和组织、公职人员或公民通过电子信息网络在法院官方网站提交的非诉讼请求信息,属于案件参加人公布于众的信息,不得成为进行诉讼的根据,也不得成为民事案件的裁判根据。(联邦法律 02.07.2013 N 166-ФЗ)

第 9 条 民事诉讼的语言(Язык гражданского судопроизводства)

1. 民事诉讼使用俄罗斯联邦国语俄语,或者使用法院所在俄罗斯联邦成员共和国国语。在军事法院进行民事诉讼一律使用俄语。

2. 对参加民事诉讼而不通晓民事诉讼所使用语言的人,法院应说明并保障其享有使用母语或者自由选择的交流语言进行陈述、答辩、出庭、提出申请、提出上诉的权利以及享有翻译服务的权利。

第 10 条 法院审判公开(Гласность судебного разбирательства)

1. 法院公开审理案件。

2. 涉及国家机密、子女收养秘密信息的案件以及联邦法律另有规定的其他案件,不公开审理。涉及商业秘密或受法律保护的其他秘密、公民隐私权或其他公开则可能妨碍案件正确审理,或者泄露上述秘密可能侵犯公民权利和合法利益的情形,根据案件参加人的申请,可以不公开审理。

3. 对案件参加人、不公开审理时获知本条第 2 款所列信息的其他人员,法院应事先告知泄露信息时应承担的责任。

4. 案件全部或部分不公开审理的,法院应作出附具理由的裁定。

5. 案件不公开审理时,应有案件参加人、代理人出庭,必要时还应有证人、鉴定人、专家、翻译人员出庭。

6. 案件不公开审理和解决时应遵守民事诉讼的全部规则。利用视频会议系统开庭审理的,必须公开审理。(联邦法律 26.04.2013 N 66-ФЗ)

7. 案件参加人和旁听公开审判案件的公民有权用书面形式及借助于录音手段记录法庭审理的过程。在审判过程中拍照、摄像、电台和电视直播须经法院许可。

8. 法院判决公开宣布,但涉及未成年人权利和合法利益的情形除外。

第 11 条 法院审理民事案件时适用的规范(Нормативные правовые акты, применяемые судом при разрешении гражданских дел)

1. 法院必须依照《俄罗斯联邦宪法》、俄罗斯联邦签署的国际条约,联邦宪法性法律,联邦法律,俄罗斯联邦总统的规范性法令,俄罗斯联邦政府的规范性法令,联邦国家权力机关的规范性法令,俄罗斯联邦各主体的宪法(宪章)、法律,国家权力机关的其他规范性法令,地方自治机关的规范性法令解决民事案件。在上述规范规定的情形下,法院还可以依照交易习惯解决民事案件。

2. 规范之间规定不同的,法院应当适用具有更高法律效力的规范。

3. 如果没有调整争议关系的法律规范,法院应适用调整相近关系的法律规范(法律类推);如果没有调整相近关系的法律规范,则根据立法的一般原则和精神解决案件(法的类推)。

4. 俄罗斯联邦签署的国际条约与上述规范有不同规定的,适用国际条约解决民事案件。

5. 法院审理民事案件时依照联邦法律或俄罗斯联邦签署的国际条约适用外国法规范。

第 12 条 根据两造辩论与平等原则进行审判(Осуществление правосудия на основе состязательности и равноправия сторон)

1. 民事审判根据两造辩论和平等原则进行。

2. 法院保持独立。法院客观、公正地指挥诉讼,向案件参加人说明其权利和义务,告知实施或不实施诉讼行为的后果,对案件参加人行使权利给予协助,为审理和解决民事案件时全面和充分地调查证据、确定事实和正确适用法律创造条件。

第 13 条 法院裁判的拘束力(Обязательность судебных постановлений)

1. 法院裁判以法院命令、法院判决、法院裁定和监督审法院主席团裁判的形式作出。(联邦法律 28.07.2004 N 94-ФЗ)

2. 发生法律效力的法院裁判以及法院依法作出的指令、要求、委托、传唤和请求对所有国家权力机关、地方自治机关、社会团体、公职人员、公民、组织均具有拘束力并应在俄罗斯联邦全境内无条件执行。

3. 不执行法院裁判及其他不尊重法院裁判的,均应承担联邦法律规定的责任。

4. 法院裁判侵犯未参加案件审理的利害关系人的权利和合法利益的,其拘束力不剥夺利害关系人向法院起诉的权利。

5. 在俄罗斯联邦境内承认与执行外国法院判决、外国仲裁庭的裁决依照俄罗斯联邦签署的国际条约和本法典规定进行。

第 2 章　审判组织　回避(СОСТАВ СУДА ОТВОДЫ)

第 14 条　审判组织(Состав суда)

1. 法官独任审理一审案件。在联邦法律另有规定的情形下,由三名法官组成合议庭审理一审案件。

2. 除本法典第 7 条第 3 款规定的情形外,由三名法官组成合议庭审理上诉案件,一名法官担任审判长。(联邦法律 09.12.2010 N 353-ФЗ)

按照法律审查程序和审判监督程序审理案件时,合议庭组成人员为审判长和至少两名法官。

3. 组成审理具体案件的审判组织时,应当按规则考虑法官的工作量和专业,避免参加案件审理的利害关系人对法官造成影响。还应当考虑利用电子信息系统。(联邦法律 14.06.2011 N 140-ФЗ)

第 15 条　合议庭决议程序(Порядок разрешения вопросов судом в коллегиальном составе)

1. 合议庭决议按照多数法官意见决定。合议庭表决时,法官均不得弃权。审判长最后发表意见。

2. 不同意多数法官意见的法官,可以书面形式陈述自己的特殊意见,特殊意见应当附卷,但不在宣判时宣读。

第 16 条　法官回避的理由(Основания для отвода судьи)

1. 治安法官及法官有下列情形之一者,不得审理案件而应该回避:

(1)曾以检察长、法庭书记员、代理人、证人、鉴定人、专家、翻译人员身份参加过该案的审理;

(2)与案件参加人或其代理人有血亲或姻亲关系;

(3)与案件的审理结果有切身的、直接的或间接的利害关系,或者存在其他可能引发怀疑其客观性与公正性的情形。

2. 审理案件的合议庭法官互相不得有亲属关系。

3. 法官审理民事案件时知晓非诉讼请求的信息,不能成为要求法官回避的理由。(联邦法律 02.07.2013 N 166-ФЗ)

第 17 条　法官不得重复参加案件审理(Недопустимость повторного участия судьи в рассмотрении дела)(联邦法律 09.12.2010 N 353-ФЗ)

1. 曾经审理案件的治安法官,不得在上诉审法院或监督审法院审理该案。

2. 在第一审法院参加过案件审理的法官,不得在上诉审法院或监督审法院参加该案的审理。

3. 在上诉审法院参加过案件审理的法官,不得在第一审法院和监督审法院参加该案的审理。

4. 在监督审法院参加过案件审理的法官,不得在第一审法院和上诉审法院参加该案的审理。

5. 参加过一审法院、法律审查法院和上诉审法院审理的法官,不得参加案件监督审的审理。

第 18 条 检察长、法庭书记员、鉴定人、专家和翻译人员的回避(Основания для отвода прокурора, секретаря судебного заседания, эксперта, специалиста, переводчика)

1. 本法典第 16 条所列法官回避的理由,亦适用于检察长、法庭书记员、鉴定人、专家、翻译人员。

鉴定人或专家如果与案件参加人或其代理人有职务上或其他从属依赖关系的,也不得参加案件的审理活动。

2. 检察长、法庭书记员、鉴定人、专家、翻译人员以前曾作为检察长、法庭书记员、鉴定人、专家和翻译人员参加过该案的审理,不得成为要求其回避的理由。

第 19 条 自行回避和申请回避(Заявления о самоотводах и об отводах)

1. 治安法官、法官、检察长、法庭书记员、鉴定人、专家和翻译人员有本法典第 16 条至第 18 条规定的回避事由时,必须自行回避。案件参加人可以申请其回避,法庭也可以主动审议其回避。

2. 自行回避或申请回避应该说明理由并在对案件实体审理前提出。只有在对案件进行实体审理后才知悉自行回避或申请回避的事由时,允许在案件的审理过程中自行回避或申请回避。

3. 自行回避和申请回避的程序和后果,依照本法典第 20 条和第 21 条规定的规则。

第 20 条 申请回避的程序(Порядок разрешения заявления об отводе)

1. 提出申请回避时,法庭应听取案件参加人的意见。被申请回避的人希望进行解释的,还应听取本人的意见。回避的问题应由法庭在评议室作出裁定。

2. 申请独任法官回避的，由该法官解决。合议庭审理案件时，在被申请回避的法官不参加合议的情况下决定。要求几名法官或合议庭全体组成人员回避的申请，由该合议庭全体人员以简单多数票决定。

要求检察长、法庭书记员、鉴定人、专家、翻译人员回避的申请，由审理案件的合议庭决定。

第 21 条 支持回避申请的后果（Последствия удовлетворения заявления об отводе）

1. 审理案件的治安法官回避，案件由区法院移送给在同一审判区工作的另一位治安法官审理；不能移送的，由上级法院移送给另一区的治安法官审理。

2. 区法院审理案件时独任法官回避或者合议庭全体组成人员回避的，案件由同一法院的另一名法官审理或者另外的合议庭组成人员审理；审理案件的区法院无法更换法官的，由上级法院将案件移送到另一区法院审理。

3. 共和国最高法院、边疆区法院、州法院、联邦直辖市法院、自治州法院、自治专区法院、俄罗斯联邦最高法院审理案件时，独任法官或法庭全体组成人员回避，案件由该法院的另一名法官审理或另外的合议庭审理。

4. 支持法官回避申请或者存在本法典第 17 条规定的情形，在共和国最高法院、边疆区法院、州法院、联邦直辖市法院、自治州法院、自治专区法院不可能组成审理案件的新合议庭的，案件应该移送到俄罗斯联邦最高法院审理。

第 3 章 主管与审判管辖
（ПОДВЕДОМСТВЕННОСТЬ И ПОДСУДНОСТЬ）

第 22 条 法院主管的民事案件（Подведомственность гражданских дел судам）

1. 法院审理和解决以下案件：

（1）公民、组织、国家权力机关、地方自治机关参加的关于维护受到侵犯或发生争议的权利、自由和合法利益的诉讼案件；民事、家庭、劳动、住房、土地、生态和其他法律关系中产生争议的诉讼案件。

（2）本法典第 122 条规定的应该通过命令程序解决的请求权案件。

（3）此处原内容据联邦法律 08.03.2015 N 23-ФЗ 自 2015 年 9 月 15 日起失效。

（4）本法典第 262 条规定的特别程序案件。

（5）对仲裁庭裁决提出争议的案件和发出仲裁庭裁决强制执行命令的案件。

（6）承认和执行外国法院判决和外国仲裁裁决的案件。

（7）在联邦法律规定的情形下协助仲裁庭的案件。（联邦法律 29.12.2015 N 409-ФЗ）

2. 法院审理和解决有外国公民、无国籍人、外国组织、外国投资的组织、国际组织参加的案件。

3. 法院审理和解决本条第 1 款和第 2 款规定的案件，但联邦宪法性法律和联邦法律规定属于仲裁法院管辖的经济纠纷和其他案件除外。

4. 如果向法院提出的申请包含几个相互关联的请求，其中一个属于普通法院管辖，其他属于仲裁法院管辖，而请求又不可能分开的，则案件应该由普通法院审理和解决。

如果请求可以分开，则法官应裁定受理属于普通法院管辖的请求，或者拒绝受理属于仲裁法院管辖的请求。

第 22.1 条 *移送仲裁庭的争议（Споры, подлежащие передаче на рассмотрение третейского суда）*（联邦法律 29.12.2015 N 409-ФЗ）

1. 根据本法属于法院主管的民事法律关系争议，可以由当事人依据有效的仲裁协议提交仲裁，联邦法律另有规定的除外。

2. 下列争议属于法院主管，不得提交仲裁：

（1）本法第 22 条第 4 款所列的争议；

（2）因婚姻家庭关系产生的争议，包括监护人与抚养人之间因支配被监管财产而产生的争议，但夫妻之间分割共同财产的争议除外；

（3）因劳动关系产生的争议；

（4）因继承关系产生的争议；

（5）因俄罗斯联邦法律调整国家和自治政府财产私有化关系而产生的争议；

（6）因俄罗斯联邦法律调整保障国家和自治政府统一采购合同中的货物、劳动、服务关系而产生的争议；

（7）因生命和健康受到损害的赔偿争议；

（8）将公民驱离住所的争议；

（9）因环境损害赔偿引起的争议；

（10）联邦法律明确规定的其他争议。

3. 法人之间、法人与股东之间的争议，法人的股东依据联邦法律规定可以因法人与第三人法律关系提起诉讼的争议，如果当事人间签订有将争议提交仲裁庭的仲裁协议的，可以依据本条第 4 款规定移送仲裁。

4. 本条第 3 款所指的争议仅可移送到在俄罗斯联邦领土有地址、有常设仲裁机构且有按照本法典制定并颁布的审理行业争议的专门规则的仲裁庭审理。

第 23 条 治安法官管辖的民事案件（Гражданские дела，подсудные мировому судье）

1. 治安法官作为第一审法院审理：

（1）发出法院命令的案件；

（2）无子女争议的离婚案件；

（3）夫妻之间分割共同财产不超过 5 万卢布的案件（联邦法律 11.02.2010 N 6-ФЗ）；

（4）婚姻家庭关系中产生的其他案件，但父亲（母亲）身份的争议、确定父亲身份、剥夺亲权、限制亲权、收养子女的案件和其他争夺亲权、确认婚姻无效案件除外（联邦法律 11.02.2010 N 6-ФЗ）；

（5）争议数额不超过 5 万卢布的案件，但财产继承和知识产权案件除外（联邦法律 11.02.2010 N 6-ФЗ）；

（6）此处原内容据联邦法律 22.07.2008 N 147-ФЗ 失效；

（7）确定财产使用程序的案件。

2. 联邦法律可以规定属于治安法官审判管辖的其他案件。

3. 几个相互关联的请求合并审理，诉讼请求变更或者提出反诉时，如果新的请求属于区法院审判管辖，而其他请求属于治安法官审判管辖，则所有请求均应在区法院审理。在这种情况下，如果案件的审判管辖是在治安法官审理过程中发生变更的，治安法官应作出将案件移送区法院的裁定并将案件移送区法院审理。

4. 治安法官不得与区法院发生审判管辖争议。

第 24 条 区法院管辖的民事案件（Гражданские дела，подсудные районному суду）

除本法典第 23 条、第 25 条、第 26 条和第 27 条规定的案件外，民事案件均由区法院作为第一审法院。

第 25 条 军事法院和其他专门法院管辖的民事案件（Гражданские дела, подсудные военным судам и иным специализированным судам）

军事法院和其他专门法院审理联邦宪法性法律规定的民事案件。

第 26 条 共和国最高法院、边疆区法院、州法院、联邦直辖市法院、自治州法院和自治专区法院管辖的民事案件（Гражданские дела, подсудные верховному суду республики, краевому, областному суду, суду города федерального значения, суду автономной области и суду автономного округа）

1. 共和国最高法院、边疆区法院、州法院、联邦直辖市法院、自治州法院和自治专区法院作为第一审法院审理以下民事案件：

（1）涉及国家机密的案件；

（2）—（8）原内容据联邦法律 08.03.2015 N 23-ФЗ 自 2015 年 9 月 15 日起失效。

（9）本法典第 45 章规定的案件。（联邦法律 29.12.2015 N 409-ФЗ）

2. 联邦法律可以规定其他案件属于共和国最高法院、边疆区法院、州法院、联邦直辖市法院、自治州法院和自治专区法院管辖。

3. 莫斯科市法院为审理电子信息网络包括国际互联网上除摄影作品及以类似摄影的方法形成的作品以外的著作权和邻接权的案件和根据本法典第 144.1 条规定采取预先保护措施的第一审法院。如果莫斯科市法院审理由原告提起的案件是在法院做出对该原告另一电子信息网络包括国际互联网上保护除摄影作品及以类似摄影的方法形成作品的著作权和邻接权案件中有利于原告的生效判决之后，则莫斯科市法院还可解决限制接入国际互联网以及禁止在国际互联网上非法传播与著作权和（或）邻接权主体有关信息的案件。（联邦法律 24.11.2014 N 364-ФЗ）

第 27 条 俄罗斯联邦最高法院管辖的民事案件（Дела, подсудные Верховному Суду Российской Федерации）（联邦法律 12.03.2014 N 29-ФЗ）

俄罗斯联邦最高法院管辖的民事案件由 2014 年 2 月 5 日 N 3-ФКЗ 联邦法律《俄罗斯联邦最高法院法》确定。

第 28 条 向被告住所地或所在地提起诉讼（Предъявление иска по месту жительства или месту нахождения ответчика）

诉讼应向被告住所地法院提起。对组织的诉讼应向该组织所在地法院提起。

第 29 条　原告选择管辖（Подсудность по выбору истца）

1. 对住所地不详或在俄罗斯联邦没有住所的被告提起诉讼,可以向被告财产所在地或被告在俄罗斯联邦最后已知住所地法院提起。

2. 因组织的分支机构或代表机构的活动而发生的对组织的诉讼,也可以向其分支机构或代表机构所在地的法院提起。

3. 追索扶养费和确定父亲身份的诉讼,也可以由原告向其住所地法院提起。

4. 因原告与未成年人一起生活或者健康原因难以前往被告住所地的离婚诉讼,也可以在原告住所地法院提起。

5. 因致残、其他健康损害或者供养人死亡而要求损害赔偿的诉讼,也可以由原告向其住所地的法院或损害发生地的法院提起。

6. 公民因要求赔偿与被非法判刑、羁押的强制处分,非法作出不外出的具结或被非法行政拘留造成损失有关的要求恢复劳动权、领取养老金、住房权、归还财产或财产价值的诉讼,也可以向原告住所地法院提起。

6.1　保护个人信息主体权利的诉讼和(或)赔偿精神损害的诉讼,也可以向原告住所地法院提起。(联邦法律 07.05.2013 N 99-ФЗ)

6.2　终止提供互联网接入信息和检索系统服务的诉讼,也可以向原告住所地法院提起。(联邦法律 13.07.2015 N 264-ФЗ)

6.3　恢复劳动关系的案件,也可以向原告住所地法院提起。(联邦法律 03.07.2016 N 272-ФЗ)

7. 维护消费者权利的诉讼,也可以向原告住所地、所在地或合同订立地、合同履行地法院提起。

8. 船舶碰撞造成的损害赔偿诉讼,追索劳动报酬和给付船员在船上工作的报酬、运送侨民回国的开支、缴纳社会保险费、追索海上救助报酬的诉讼,也可以向被告船舶所在地或船舶注册地法院提起。(联邦法律 06.02.2012 N 4-ФЗ)

9. 合同纠纷,如合同约定履行地的,也可以向合同履行地法院提起。

10. 依照本条规定,数个法院都有权管辖的,原告有权选择管辖法院。

第 30 条　专属管辖（Исключительная подсудность）

1. 土地、矿山、楼房(包括居住用房和非居住用房)、建筑物、构筑物、附着于土地上的其他客体的权利的诉讼,解除财产扣押的诉讼,向这些物体或被扣押财产所在地法院提起。(联邦法律 14.07.2008 N 118-ФЗ)

2. 被继承人的债权人在继承人接受遗产前提起的诉讼,由继承开始地法院管辖。

3. 因运输合同发生的对承运人的诉讼,由依规定程序被索赔的承运人所在地法院管辖。

第 30.1 条 与协助、监督仲裁庭有关的案件的管辖(Подсудность дел, связанных с осуществлением судами функций содействия и контроля в отношении третейских судов)(联邦法律 29.12.2015 N 409-ФЗ)

1. 撤销在俄罗斯联邦领域作出的仲裁裁决和国际商事仲裁裁决的申请应交到作出仲裁裁决的仲裁庭所在地的区法院。依照仲裁当事人的协议,撤销仲裁裁决的申请也可以向仲裁当事人一方住所地或居住地的区法院提出。

2. 申请签发强制执行在俄罗斯联邦领域内作出的仲裁裁决和国际商事仲裁裁决执行命令的,可以向债务人住所地或居住地的区法院提出;债务人住所地和居住地不明的,向仲裁当事人财产所在地的区法院提出。依照仲裁当事人的协议,申请发出强制执行命令的申请,也可以向作出仲裁裁决的仲裁庭所在地的区法院提出,或者向仲裁当事人一方住所地或居住地便于审查此案的区法院提出。

3. 本法第 427.1 条第 2 款所列的与实现法院的协助功能有关的申请,向审理相应仲裁案件的仲裁庭所在地的区法院提出。

第 31 条 牵连管辖(Подсудность нескольких связанных между собой дел)

1. 对居住或设立在不同地方的数名被告的诉讼,根据原告的选择,由被告之一的住所地或所在地法院管辖。

2. 反诉由审理本诉的法院管辖。

3. 刑事案件引发的民事诉讼,如果在刑事诉讼中没有提起或没有解决,按照本法典规定的民事诉讼管辖规则确定管辖。

第 32 条 协议管辖(Договорная подсудность)

当事人可以在法院受理案件前协议变更该案件的地域管辖。但当事人不得协议变更本法典第 26 条、第 27 条和第 30 条规定的管辖。

第 33 条 移送管辖(Передача дела, принятого судом к своему производству, в другой суд)

1. 法院已经依照管辖规则受理的案件,应该由该法院进行实质审理,不因该案以后发生属于其他法院管辖的情形而改变。

2. 在下列情况中,法院应将案件移送另一法院审理:

(1)原来被告住所地或所在地不明,现在被告申请将案件移送到其住所地或所在地的法院的;

(2)双方当事人均申请案件在大多数证据所在地审理的;

(3)法院在审理案件时查明受理案件违反管辖规则的;

(4)因一名或几名法官回避,或者由于其他原因法官被代替,案件在该法院已经无法审理,案件由上级法院进行移送。

3. 移送或拒绝移送案件,法院应作出裁定,对此裁定可以提出复议。案件在对裁定提出复议的时效期届满后进行移送,如果已经提出复议,则在法院作出驳回复议的裁定后移送。

4. 法院移送到另一法院的案件,该受移送法院应该受理。俄罗斯联邦法院之间不允许出现管辖争议。

第4章 案件参加人(ЛИЦА, УЧАСТВУЮЩИЕ В ДЕЛЕ)

第34条 案件参加人的构成(Состав лиц, участвующих в деле)

案件参加人包括双方当事人、第三人、检察长,请求法院维护他人权利、自由和合法利益的人或依照本法典第4条、第46条和第47条规定的理由参加诉讼提出结论的人员,特别程序案件中的申请人和其他利害关系人。(联邦法律 08.03.2015 N 23-ФЗ)

第35条 案件参加人的权利和义务(Права и обязанности лиц, участвующих в деле)

1. 案件参加人有权了解案件材料,摘抄、复制案件材料;申请回避;提交证据和参加质证;向案件其他参加人、证人、鉴定人和专家提出问题;提出申请,包括要求调取证据的申请;向法院作出口头或书面陈述;对法庭审理过程中产生的所有问题提出自己的理由,反驳其他案件参加人的申请和理由;对法院裁判提出复议和行使民事诉讼立法规定的其他诉讼权利。案件参加人应该善意地行使诉讼权利。

2. 案件参加人承担本法典、其他联邦法律规定的诉讼义务。不履行诉讼义务的,应承担民事诉讼立法规定的后果。

第36条 民事诉讼权利能力(Гражданская процессуальная правоспособность)

依照俄罗斯联邦立法有权就自己的权利、自由和合法利益要求司法保护的所有公民和组织均平等地享有民事诉讼权利能力。

第 37 条 民事诉讼行为能力（Гражданская процессуальная дееспособность）

1. 组织及年满 18 岁的公民享有以自己的行为行使诉讼权利、履行诉讼义务和委托他人在法院代理案件的能力（民事诉讼行为能力）。

2. 未成年人自结婚或被宣布具有完全行为能力（取得完全行为能力）之时起可以亲自在法院行使诉讼权利、履行诉讼义务。

3. 年满 14 岁不满 18 岁的未成年人以及具有限制行为能力的公民的权利、自由和合法利益，由其法定代理人维护。但是法院必须让未成年人以及限制行为能力公民亲自参加案件。

4. 在联邦法律规定的情况下，在民事法律关系、家庭法律关系、劳动法律关系和其他法律关系发生的案件中，年满 14 岁不满 18 岁的未成年人有权亲自在法院维护自己的权利、自由和合法利益。法院有权吸收未成年人的法定代理人参加案件。（联邦法律 08.03.2015 N 23-ФЗ）

5. 在联邦法律没有另行规定的情形下，不满 14 岁的未成年人以及被认定为无行为能力的公民的权利、自由和合法利益，在诉讼中由其法定代理人——父母、收养人、监护人、保护人或联邦法律规定享有此项权利的其他人维护。法院有权吸收被认定无民事行为能力人参加案件。（联邦法律 06.04.2011 N 67-ФЗ）

第 38 条 当事人（Стороны）

1. 民事诉讼中的原告和被告为当事人。

2. 如果案件是根据要求法院维护他人权利、自由和合法利益的人的申请开始的，则法院应将已经开始诉讼的事宜通知被维护权利的人，该人作为原告参加诉讼。

3. 当事人享有平等的诉讼权利，承担平等的诉讼义务。

第 39 条 变更、放弃、承认诉讼请求，和解（Изменение иска，отказ от иска，признание иска，мировое соглашение）

1. 原告有权变更诉讼理由或诉讼标的，增加或减少诉讼请求的数额或者放弃诉讼请求，被告有权承认诉讼请求，当事人可以通过和解结束案件。

2. 原告放弃诉讼请求、被告承认诉讼请求或当事人和解违反法律或侵犯他人权利和合法利益的，法院不接受放弃和承认，不批准和解。

3.在变更诉讼理由或诉讼标的、增加诉讼请求的数额时,本法典规定的审理案件的期限自实施有关诉讼行为之日开始计算。

第 40 条 共同诉讼(Участие в деле нескольких истцов или ответчиков)

1.诉讼可以由数名原告共同向数名被告提起(共同诉讼)。

2.有下列情形之一的,允许共同诉讼:

(1)争议指向数名原告或数名被告的共同权利或义务;

(2)数名原告或数名被告的权利和义务的根据相同;

(3)争议标的是同类的权利和义务。

3.每个原告或被告在诉讼中独立于另一方。共同原告或共同被告可以委托其中一名原告或被告进行诉讼。

根据争议法律关系的性质,一名或数名共同被告不参加诉讼案件便不能审理时,则法院应主动吸收一名被告参加诉讼。在吸收该一名或数名被告参加诉讼后,案件的准备和审理重新进行。

第 41 条 不当被告的替换(Замена ненадлежащего ответчика)

1.在案件准备或在第一审法院审理时,法院可以根据原告的请求或经原告同意以适当被告替换不当被告。在以适当被告替换不当被告之后,案件的准备和审理重新开始。

2.原告不同意以他人替换不当被告的,法院应按已经提起的诉讼审理案件。

第 42 条 对争议标的提出独立请求的第三人(Третьи лица, заявляющие самостоятельные требования относительно предмета спора)

1.对争议标的提出独立请求的第三人,可以在第一审法院作出裁判前参加案件,享有原告的一切权利,承担原告的一切义务。

法院应作出裁定认定对争议标的提出独立请求的人为所审理案件中的第三人,或者拒绝承认其为第三人,对该裁定可以提出复议。

2.对争议标的提出独立请求的第三人参加案件时,案件的审理重新开始。

第 43 条 无独立请求的第三人(Третьи лица, не заявляющие самостоятельных требований относительно предмета спора)

1.未对争议标的提出独立请求的第三人,如果案件的裁判结果可能影响其与一方的权利或义务,可以在第一审法院对案件作出裁判前作为原告或被告参加案件。可以根据案件参加人的申请或者由法院主动吸收他们参加诉讼。未对争议标的提出独立请求的第三人,享有一方当事人的诉讼权利和此方当事人的诉讼义务,但变更诉讼理由或变更诉讼标的、增加或减少诉讼请求的数额、放弃诉讼请求、承认诉讼请求或订立和解协议、提出反诉和要求强制执行法院判决的权利除外。

未对争议标的提出独立请求的第三人参加案件的事宜,法院应作出裁定。

2. 未对争议标的提出独立请求的第三人参加诉讼时,案件的审理重新开始。

第 44 条 诉讼权利继受(Процессуальное правопреемство)

1. 一方因公民死亡、法人改组、请求权转让、债务转移和债权债务关系中当事人变更等情形退出有争议的或者法院判决确定的法律关系时,允许该方当事人的权利继受人代替该方。民事诉讼的任何阶段均可以发生诉讼权利继受。

2. 权利继受人参加诉讼之前已经实施的行为,对该权利继受人有约束力。

3. 对权利继受人代替当事人或拒绝权利继受人代替当事人的法院裁定,可以提出复议。

第 45 条 检察长参加案件(Участие в деле прокурора)

1. 检察长有权请求法院维护公民、不特定范围的人的权利、自由和合法利益或者维护俄罗斯联邦、俄罗斯联邦主体、地方自治组织的利益。维护公民权利、自由和合法利益的请求仅在公民由于健康状况、年龄、无行为能力和其他正当原因不能亲自向法院提出请求时才能由检察长提出。前述规定不限制检察长根据公民向检察长提出的请求向法院提出保护公民在劳动(服务)关系以及其他直接涉及此关系中受侵害或发生争议的社会权利、自由和合法利益的请求,保护家庭和父母子女的请求,社会保护包括社会保障在内的请求,国家和自治政府的住房保障基金的请求,保护健康包括医疗救治的请求,保障周边优良环境的请求,受教育的请求。(联邦法律 05.04.2009 N 43-ФЗ)

2. 提出请求的检察长享有原告的全部诉讼权利,承担原告全部诉讼义务,但订立和解协议的权利和交纳诉讼费用的义务除外。如果检察长放弃已经提出的维护他人合法利益的请求,而该人及其法定代理人不声明放弃诉讼请求,则案件的实体审理应继续进行。原告放弃诉讼请求时,只要不违反法律或不损害他人的权利和合法利益,法院应终止案件审理。

3. 检察长参加诉讼并就强制迁出、恢复工作、生命或健康损害赔偿等案件以及本法典和其他联邦法律规定的情形提出结论，以行使依法赋予的职权。检察长及时得到案件审理时间和地点的通知而不到庭的，不妨碍案件的审理。

第 46 条　请求法院维护他人的权利、自由和合法利益（Обращение в суд в защиту прав，свобод и законных интересов других лиц）

1. 在法律规定的情形下，国家权力机关、地方自治机关、组织和公民有权根据他人的请求向法院提出请求，以维护他人的权利、自由和合法利益，或者维护不特定范围的人的权利、自由和合法利益。不论利害关系人或其法定代理人是否要求，均可以提出维护无行为能力人或未成年人合法利益的请求。

2. 提出维护他人合法权利的请求的人，享有原告的全部诉讼权利，承担原告的全部诉讼义务，但订立和解协议的权利和交纳诉讼费用的义务除外。机关、组织或公民放弃支持为他人利益提出的请求，以及原告放弃诉讼请求，发生本法典第 45 条第 2 款规定的诉讼后果。

第 47 条　国家机关、地方自治机关为提出意见而参加案件（Участие в деле государственных органов，органов местного самоуправления для дачи заключения по делу）

1. 在联邦法律规定的情形下，国家机关、地方自治机关在第一审法院作出判决前可以主动地或者根据案件参加人的提议参加案件的诉讼，提出意见，以履行所担负的义务和维护他人的权利、自由和合法利益或者俄罗斯联邦、俄罗斯联邦各主体、地方自治组织的利益。

2. 在联邦法律规定的情形以及在其他必要情况下，法院可以主动吸收国家机关或地方自治机关参加案件，以实现本条第 1 款规定的目的。

第 5 章　诉讼代理（ПРЕДСТАВИТЕЛЬСТВО В СУДЕ）

第 48 条　诉讼代理人（Ведение дел в суде через представителей）

1. 公民有权亲自或通过代理人在法院诉讼。公民亲自参加诉讼不排除其委托代理人的权利。

2. 组织由该机构在联邦法律、其他法律文件或设立文件中确定的有权机关或者代理人进行诉讼。

代理诉讼的机关的权限，须由证明其代理人职务地位的文件证明，必要时须由其设立文件证明。

清算委员会授权的代理人以被清算人的名义出庭。

第 49 条 能够成为诉讼代理人的人（Лица，которые могут быть представителями в суде）

除本法典第 51 条所列人员外，具有行为能力、以适当方式办理手续而享有诉讼权限的人，能够在法院成为代理人。本法典第 52 条所列人员，可以依法代理。

第 50 条 法院指定代理人（Представители，назначаемые судом）

被告住所地不明且没有代理人及在联邦法律规定的其他情形下，由法院指定律师作为诉讼代理人。在本条规定的情况下指定的代理律师有权对此案的法院裁判提出复议。（联邦法律 05.05.2014 N 93-ФЗ）

第 51 条 不能作为诉讼代理人的人（Лица，которые не могут быть представителями в суде）

法官、侦查员、检察长不能担任诉讼代理人，但其作为有关机关的代表或法定代理人参加诉讼的除外。

第 52 条 法定代理人（Законные представители）

1. 无行为能力的公民或限制行为能力的公民的权利、自由和合法利益，由其父母、收养人、监护人、保护人或联邦法律赋予此项权利的其他人维护。

2. 依法认定失踪的公民应该参加的案件，由失踪人财产管理人作为法定代理人。

3. 法定代理人以被代理人的名义实施被代理人有权实施的全部诉讼行为，但受到法律规定的限制。

法定代理人可以委托诉讼代理人在法院进行诉讼。

第 53 条 代理人权限（Оформление полномочий представителя）

1. 代理人的权限应该在依法授予和办理的委托书中载明。

2. 公民的授权委托书可以通过公证程序证明，或者由委托人工作或学习的单位予以证明，或者由委托人住所地的私有住宅公司、委托人所在地的住宅建设和其他社会保障合作机构、高层住宅管理机构、居住地的管理机构、居民社会保护机构以及委托人进行治疗的医疗机构予以证明；如果委托书是军人、部队、兵团、机构、军事院校的工作人员或其家属授予的，则委托书应该由相应部队、兵团、军事院校的指挥员（首长）予以证明。剥夺自由场所人员的委托书，应由相应剥夺自由场所的首长证明。（联邦

法律 18.10.2007 N 230-ФЗ、联邦法律 02.07.2013 N 185-ФЗ)

3. 以组织名义颁发的委托书应由该组织的领导人或该组织设立文件授权的其他人签字,并加盖该组织正在使用的印鉴。(联邦法律 06.04.2015 N 82-ФЗ)

4. 法定代理人应向法院提交证明其法律地位和权限的文件。

5. 律师作为代理人出庭的权利由相应的律师机构出具证明。

6. 代理人的权限可以用口头声明的形式确定,口头声明应记入审判庭笔录,也可以由委托人向法院提交书面形式确定。

第 54 条 代理人的权限(Полномочия представителя)

代理人有权以被代理人的名义实施全部诉讼行为。但是,代理人在向法院提交的诉讼请求上签字、将争议移送仲裁庭审理、提出反诉、完全或部分放弃诉讼请求、减少诉讼请求的数额、承认诉讼请求、变更诉讼标的和诉讼理由、订立和解协议、将代理权移交他人(转委托)、对法院裁判提出上诉、提交追索执行文件、领受判决的财产或金钱等权利,应该在被代理人授予的委托书上有特别授权。

第 6 章 证据与证明
(ДОКАЗАТЕЛЬСТВА И ДОКАЗЫВАНИЕ)

第 55 条 证据(Доказательства)

1. 案件的证据是依照法定程序取得的、法院据以认定是否存在当事人请求和抗辩的事实以及是否存在对正确审理和解决案件有意义的其他情况的信息。

这些信息可以从当事人和第三人的陈述、证人的证言、书证和物证、录音和录像、鉴定人的结论取得。

当事人和第三人陈述、证人证言,可以按照本法典第 155.1 条规定的程序,通过视频会议系统进行。(联邦法律 26.04.2013 N 66-ФЗ)

2. 违法取得的证据不具有法律效力,不得作为法院判决的依据。

第 56 条 证明责任(Обязанность доказывания)

1. 每一方当事人均应对论证自己请求和抗辩他人请求所援引的情况进行证明,联邦法律另有规定的除外。

2. 法院应确定对案件有意义的情况,确定哪些情况应由哪一方当事人进行证明,法院还可以提出需要讨论的情况,即使当事人没有援引这些情况。

第 57 条 证据的提交与调取（Представление и истребование доказательств）

1. 当事人和案件其他参加人应当提交证据。法院有权建议提交补充证据。当事人和案件其他参加人难以提交必要证据的，法院可以根据申请在搜集和调取证据方面给予协助。

2. 调取证据的申请应该说明证据的特征，指出何种对于正确审理和解决案件有意义的情况可能被该证据证明或推翻，指出妨碍取证的原因和证据所在地。法院向当事人发给取证证明或者直接取证。掌握法院所调取证据的人，应将证据送交法院或交给持有取证证明的人转交法院。

3. 公职人员或公民不能提交或者不能在规定期限内提交所调取的证据，应该在收到取证证明之日起的 5 日内通知法院。如果不通知法院或法院认为不执行法院提交证据要求的理由不正当，对非案件参加人的有过错的公职人员、公民处以罚款，对公职人员处以 1000 卢布以下的罚款；对公民处以 500 卢布以下的罚款。（联邦法律 11.06.2008 N 85-ФЗ）

4. 科处罚款并不免除掌握所调取证据的有关公职人员和公民向法院提交证据的义务。

第 58 条 现场勘验和审查证据（Осмотр и исследование доказательств по месту их нахождения）

1. 书证或物证不能或者难以运送到法院的，法院可以在证据保管地或所在地进行勘验和审查。

2. 证据的勘验和审查由法院进行并通知案件参加人，案件参加人不到场不妨碍证据的勘验和审查。必要时，可以传唤鉴定人、专家和证人参加证据的勘验和审查。

3. 现场勘验和审查证据应制作笔录。

第 59 条 证据的关联性（Относимость доказательств）

法院仅接受对审理和解决案件有意义的证据。

第 60 条 证据的许可性（Допустимость доказательств）

应该依法通过一定的证明手段得到证实的案件情况，不得由其他任何证据进行证实。

第 61 条 无须证明的情况（Основания для освобождения от доказывания）

1. 法院认为众所周知的情况不需要证明。

2. 已经发生法律效力的前一案件的法院裁判所确认的情况对法院具有约束力。在审理另一案件参加人相同案件时,不需要重新证明,也不属于争议的问题。

3. 在审理民事案件时,已经发生法律效力的仲裁法院判决所确认的情况,在审理另一案件参加人相同案件时,不需要重新证明,也不属于争议的问题。

4. 已经发生法律效力的刑事判决,在被判决人员行为是否发生、是否由该人实施的问题上,对审理该行为民事法律后果的法院具有约束力。

5. 经过公证的情况,如果公证文件的真实性不能按照本法典第186条规定的程序推翻,或公证行为未被确认违法的,不需要证明。(联邦法律 29.12.2014 N 457-ФЗ)

第 62 条 法院委托(Судебные поручения)

1. 审理案件的法院必须在另一城市或另一地区取得证据的,可以委托有关法院实施一定的诉讼行为。

2. 法院委托的裁定应简要地叙述所审理案件的内容,说明当事人的情况、住所地或所在地,应该查明的情况,被委托法院应该搜集的证据。该裁定对于被委托法院具有约束力并应在收到之日起1个月内执行。

3. 法院委托调查期间,诉讼中止。

第 63 条 执行法院委托的程序(Порядок выполнения судебного поручения)

1. 法院委托的调查依照本法典规定的规则在审判庭进行。开庭时间和地点应通知案件参加人,案件参加人不到庭不妨碍委托的执行。笔录和执行委托所搜集到的所有证据应立即送交审理案件的法院。

2. 案件参加人、证人或鉴定人曾向受委托法院做过陈述、证言和提出过意见的,在审理案件的法院出庭时,可以按一般程序陈述、作证和提出意见。

第 63.1 条 仲裁庭协助搜集证据的请求(Запросы третейского суда о содействии в получении доказательств)(联邦法律 29.12.2015 N 409-ФЗ)

1. 在俄罗斯联邦领域内有地址的仲裁庭(不包括为解决具体争议而设立的仲裁庭)为解决争议必须收集证据时,有权按照本法典第157条规定的程序向证据所在地的区法院提出协助收集证据的请求。请求可以交给仲裁当事人,由仲裁当事人直接将请求送交上述法院。

2. 在本条第 1 款所列的请求中应当载明需要法院收集证据的理由，以及请求法院收集的证据，请求发送法院的登记地址。

3. 本条第 1 款所列的请求是为收集本法典第 71 条、第 73 条和第 77 条规定的证据。

4. 法院收到本条第 1 款所列的请求，应当自收到该请求之日起 30 日内完成协助收集。在下列情况下，法院不予协助：

(1)请求收集的证据不符合本条第 3 款的规定；

(2)执行请求可能侵害未参加仲裁审理的第三人的权利和合法利益；

(3)请求系依本法典第 22.1 条第 2 款所列争议提出的；

(4)请求会引起信息泄露，影响国家秘密的；

(5)请求会引起信息泄露，影响公共的、商业的、银行的以及其他未参加仲裁审理人受法律保护的秘密的。

5. 法院拒绝本条第 1 款所列请求的应作出裁定，将请求退还发出请求的仲裁庭。此裁定不得复议。

6. 法院依照本法典规定的程序审理本条第 1 款所列的请求，应将法庭审理的时间和地点告知仲裁当事人。以适当方式告知了法庭审理时间和地点的当事人不到庭的，不妨碍法庭审理。

7. 法院应在收集证据后 3 日内，将本条第 1 款所请求的证据和所有的材料移交给发出请求的仲裁庭，或者转交给仲裁当事人。如果非因法院原因不能协助本条第 1 款所列请求的，应当在裁定中指明。

第 64 条 证据保全（Обеспечение доказательств）

案件参加人有根据地担心必需的证据不能或难以提交时，可以请求法院证据保全。

第 65 条 证据保全申请（Заявление об обеспечении доказательств）

1. 证据保全申请应向审理案件的法院或者实施证据保全行为的法院递交。申请应该说明正在审理的案件的内容、当事人的情况及其住所地或所在地、必须保全的证据、需要这些证据证明的情况、申请人请求证据保全的原因。

2. 对法院拒绝证据保全的裁定可以提出复议。

第 66 条 证据保全的程序（Порядок обеспечения доказательств）

1. 证据保全由法官依照本法典规定的规则进行。

2. 笔录和在证据保全过程中搜集的所有材料应移送审理案件的法院，并将此情况通知案件参加人。

3. 证据保全不在审理案件法院进行的,应适用本法典第 62 条和第 63 条的规则。

第 67 条 证据的认定(Оценка доказательств)

1. 法院依据自己基于全面、充分、客观和直接审查案件现有证据而形成的内心确信认定证据。

2. 任何证据对法院不具有预决的效力。

3. 法院应分别认定证据的关联性、许可性和真实性,综合认定证据是否充分及相互联系。

4. 法院判决必须反映证据认定的结果,判决中应举出证据被采信作为法院意见的根据、证据被法院推翻的理由,以及一些证据优先于另一些证据的根据。

5. 法院在认定文件和书证时,必须根据其他证据甄别这些文件和书证出自有权提交该种证据的机关,包含有权签署该文件的人员签字等不可缺少的形式要件。

6. 在认定文件或其他书证的复印件时,法院应检查文件的复印件与原件比较是否更改过内容,借助于何种技术手段进行复制,复制能否保证复印件与原件完全相同以及复印件的保存方式。

7. 如果文件的原件遗失或者未提交给法院,而争议双方所提交的文件复印件不完全相同,又不可能借助于其他文件确定原件的真实内容,则法院不得认为仅由文件复印件或其他书证证明的情况已经得到证明。

第 68 条 当事人和第三人的陈述(Объяснения сторон и третьих лиц)

1. 当事人和第三人对其知悉的、对正确审理案件有意义的情况所做的陈述,应该与其他证据一起进行审查和认定。有义务证明自己请求和抗辩的当事人拒不提交所掌握的证据,法院有权以另一方的证据作为结论的根据。

2. 一方当事人承认另一方当事人据以论证自己请求和抗辩的情况,免除该另一方当事人进一步论证这些情况的义务。承认应记入审判笔录。书面请求中表述承认的,应归入案卷。

3. 法院有理由认为承认的目的是掩盖案件的真实情况或者因欺诈、暴力、威胁、重大误解而作出时,应裁定不认可此承认。在此情形下,有关情况应按照一般规则证明。

第 69 条 证人证言(Свидетельские показания)

1. 证人是可能知悉对审理和解决案件有意义的情况信息的人。证人不能说明知悉所提供信息来源的,不是证据。

2. 要求传唤证人的人,必须说明证人可以证明何种对案件有意义的情况,并将证人的名、父称、姓及住所地通知法院。

3. 以下人员不得作为证人受到询问:

(1)民事或行政案件的代理人或刑事案件、行政违法案件中的辩护人、调解人——不得询问因其履行代理、辩护和调解职责而知悉的情况(联邦法律 27.07.2010 N 194-ФЗ、联邦法律 08.03.2015 N 23-ФЗ);

(2)法官、法院陪审员或仲裁陪审员——不得询问因作出民事判决、刑事判决时在评议室讨论案情而产生的问题(联邦法律 02.12.2013 N 344-ФЗ);

(3)国家登记的宗教团体中的神职人员——不得询问从忏悔中知悉的情况;

(4)仲裁法官(仲裁员)在仲裁审理中知悉的情况。(联邦法律 29.12.2015 N 409-ФЗ)

4. 以下人员有权拒绝作证:

(1)公民有权拒绝做对自己不利的陈述;

(2)夫妻有权拒绝做对自己配偶不利的陈述,子女(包括被收养人)有权拒绝做对父母(包括收养人)不利的陈述,父母(包括收养人)有权拒绝做对子女(包括被收养人)不利的陈述;

(3)兄弟姐妹有权拒绝做对其他兄弟姐妹不利的陈述,祖父母(外祖父母)有权拒绝做对孙子女(外孙子女)不利的陈述,孙子女(外孙子女)有权拒绝做对祖父母(外祖父母)不利的陈述;

(4)立法机关的议员有权拒绝就履行议员职责而知悉的信息材料陈述;

(5)俄罗斯联邦人权特派员有权拒绝就其履行职责而知悉的信息材料陈述;

(6)俄罗斯联邦总统特派员在保护企业家权利时,俄罗斯联邦主体的特派员保护企业家权利时,有权拒绝陈述就履行职责而知悉的信息材料。(联邦法律 02.11.2013 N 294-ФЗ)

第 70 条 证人的权利和义务(Обязанности и права свидетеля)

1. 作为证人被传唤的人,有义务在指定的时间出庭如实陈述。证人由于疾病、残疾或其他正当原因不能到庭的,法院可以在证人居住地询问证人。

2. 证人做虚假陈述或者出于联邦规定以外的理由而拒绝做陈述的，应承担《俄罗斯联邦刑法典》规定的责任。

3. 证人有权要求赔偿因被传唤出庭而发生的开支和获得误工费。

第 71 条 书证（Письменные доказательства）

1. 书证是含有对审理和解决案件有意义情况的信息材料的文件、合同、证明书、业务往来信函以及其他以数字、图表形式存在的文件和材料，包括通过传真、电子邮件和其他通信手段取得的或者以其他可以确定文件真实性的方式取得的文件和材料。书证还包括法院的刑事判决和民事判决、法院其他裁判、实施诉讼行为的笔录、审判笔录、诉讼行为笔录的附件（图表、地图、计划、图纸）。

2. 书证应提交原件或以适当方式认证的复印件。

依照法律或其他规范性法律文件案情只能由文件的原件证明，或者没有文件的原件案件便不能解决，或者提交的文件复印件在内容上不一致的，必须提交文件的原件。

3. 案件参加人向法院提交的或法院调取的书证的复印件，应送交案件其他参加人。

4. 按规定程序认证的从外国取得的文件，如果不能推翻其真实性，则被认为是书证。

5. 在俄罗斯联邦签署的国际条约规定的情形下，外国官方文件不经认证亦可被认为是书证。

第 72 条 退还书证（Возвращение письменных доказательств）

1. 根据提交人的请求，案件中的书证可在法院判决生效后退还给提交人。在这种情况下，案卷中应保留经法官签字证明的书证的复印件。

2. 如果法院认为可能，书证也可以在法院判决生效之前退还给提交人。

第 73 条 物证（Вещественные доказательства）

物证是因其外观、性质、所在地或其他特征而可能成为确定对于审理和解决案件有意义的情况的物品。

第 74 条 物证的保管（Хранение вещественных доказательств）

1. 物证在法院保管，联邦法律另有规定的除外。

2. 不能送交法院的物证，在原处或法院规定的其他地方保管。物证应经过法院的勘验，进行详细的描述，必要时应该拍照或加盖封印。法院和保管人应采取措施保持物证原状。

3. 保管物证的费用依照本法典第 98 条规定由当事人分摊。

第 75 条 易损物证的勘验和审查（Осмотр и исследование вещественных доказательств, подвергающихся быстрой порче）

1. 法院应立即就地或在法院规定的地点对易损物证进行勘验和审查,之后立即退还给提交勘验和审查的人,或者移交给可以按其用途进行利用的组织。在后一种情况下,可以向物证的占有人归还相同种类和质量的物品或者归还其价值。

2. 应通知案件参加人勘验和审查易损物证的时间和地点。收到通知的案件参加人不到场,不妨碍物证的勘验和审查。

3. 对易损物证勘验和审查的情况应记入笔录。

第 76 条 物证的处理（Распоряжение вещественными доказательствами）

1. 法院判决生效后,物证应退还原主,或者移交给法院认定有权取得这些物品的人,或者按照法院规定的程序进行拍卖。

2. 依照联邦法律不能归公民所有或占有的物品,应移交给相应的组织。

3. 在物证勘验和审查后,如果物证的原主请求,而且支持请求不妨碍案件的正确解决,法院可以在案件诉讼终结前退还原主。

4. 法院就物证处理应作出裁定,对该裁定可以提出复议。

第 77 条 录音和录像（Аудио-и видеозаписи）

提交或要求调取电子载体或其他载体上的录音或录像的人,必须指出是何人在何种条件下进行录制。

第 78 条 录音和录像载体的保管和退还（Хранение и возврат носителей аудио-и видеозаписей）

1. 录音和录像的载体在法院保管。法院应采取措施使之保持原状。

2. 在特殊情况下,法院的判决生效之后,录音和录像的载体可以退还给原主或原单位。根据案件参加人的请求,可以向其提供复制品,费用由案件参加人负担。

就退还录音和录像载体的事宜,法院应作出裁定,对裁定可以提出复议。

第 79 条 指定鉴定（Назначение экспертизы）

1. 案件诉讼审理涉及需要科学、技术、艺术、手工艺各个不同领域专门知识才能解决的问题时,法院应指定鉴定。鉴定可以委托司法鉴定机关、一个或几个具体的鉴定人进行。

2. 各方当事人和案件的其他参加人均有权向法院提出应该在鉴定时解决的问题,需要提出鉴定结论的最终范围由法院确定,法院否定所提出的问题时应说明理由。

当事人和案件其他参加人有权要求法院在具体的司法鉴定机构进行鉴定或者委托具体鉴定人进行鉴定,申请鉴定人回避,阐述鉴定的问题,了解法院指定鉴定的裁定和裁定中表述的问题,了解鉴定结论,向法院申请指定再次鉴定、补充鉴定、综合鉴定或委员会鉴定。

3. 当事人逃避参加鉴定、不向鉴定人提供必要的材料和文件,以及在根据案情没有该方当事人参加便不能进行鉴定的其他情况下,法院根据哪一方当事人逃避鉴定和鉴定对该方有何意义,有权认定或推翻鉴定所要查明的事实。

第 80 条 法院指定鉴定裁定的内容(Содержание определения суда о назначении экспертизы)

1. 法院指定鉴定裁定的内容包括法院的名称,法院指定鉴定的日期,作出鉴定结论和向法院提交的日期,案件当事人的名称,鉴定名称,指定鉴定所要证实或推翻的事实,向鉴定人提出的问题,接受鉴定委托的鉴定人的姓、名和父称或鉴定机构的名称,向鉴定人提供的进行比较研究的材料和文件及其必需时的相关条件,支付鉴定费用的当事人。(联邦法律 28.06.2009 N 124-ФЗ)

2. 法院的裁定还应该指出,法院事先向鉴定人说明,或者当鉴定由司法鉴定机构的专家进行时,司法鉴定机构的领导人应事先向鉴定人说明,提供虚假鉴定结论应承担《俄罗斯联邦刑法典》规定的责任。

第 81 条 提取比对的笔迹样本和文件上的签字(Получение образцов почерка для сравнительного исследования документа и подписи на документе)

1. 文件或其他书证上的签字人对签字的真实性提出抗辩的,法院有权提取笔迹样本进行比较研究。法院应作出提取笔迹样本的裁定。

2. 法官或法院提取笔迹样本可以在专家的参加下进行。

3. 提取笔迹样本的情况应制作笔录。笔录应说明提取笔迹样本的时间、地点和条件。笔录由法官、被提取笔迹样本的人签字,专家参加该项诉讼行为的也应在笔录上签字。

第 82 条 综合鉴定（Комплексная экспертиза）

1. 需要同时利用不同知识领域或者利用某一知识领域不同学派进行研究确定案情时，法院应指定综合鉴定。

2. 综合鉴定应委托几个鉴定人进行。鉴定人根据研究结果阐述对于案情的共同意见，在意见中提出鉴定结论，鉴定结论应由所有鉴定人签字。

不参加阐述共同意见或者不同意共同意见的鉴定人，仅对鉴定结论中自己鉴定的部分签字。

第 83 条 委员会鉴定（Комиссионная экспертиза）

1. 为了由两个以上的鉴定人确定案件情况，法院指定委员会鉴定。

2. 鉴定人相互商议，得出共同意见，阐述共同意见并在鉴定结论上签字。

鉴定人不同意另一鉴定人或其他鉴定人意见的，有权就所有或个别有分歧的问题提出单独的鉴定结论。

第 84 条 鉴定程序（Порядок проведения экспертизы）

1. 鉴定由司法鉴定机构的鉴定人根据该机构领导人的委托进行，或者由其他鉴定人根据法院的委托进行。

2. 鉴定在审判庭进行，如果鉴定性质需要，或者不可能、难以将材料或文件送到审判庭进行鉴定，则可以在审判庭外鉴定。

3. 鉴定时，案件参加人有权在场，但其参加可能妨碍鉴定过程、鉴定人商议和鉴定结论制作等情形除外。

第 85 条 鉴定人义务和权利（Обязанности и права эксперта）

1. 鉴定人有义务接受法院委托进行鉴定，对提交材料和文件进行充分研究；就所提问题作出有根据的和客观的结论并将结论送交指定鉴定的法院；根据法院的传唤出庭并回答与进行鉴定和所提交的鉴定结论有关的问题。

如果提出的问题超出了鉴定人的知识范围或者所提交的材料，或者文件不适于或不足以进行鉴定和提出鉴定结论，鉴定人应向指定鉴定的法院提交不能作出鉴定结论的书面通知，并说明理由。

鉴定人应保持提交鉴定的材料和文件完好并将其与鉴定结论或不能进行鉴定的通知一并退还法院。

鉴定人或司法鉴定机构没有按时作出法院指定鉴定裁定所确定问题的鉴定结论，又没有本条第 2 款所列导致不能按时鉴定或不能鉴定原因的,法院可以因其违反鉴定规则对司法鉴定机构的负责人或鉴定人处以不超过5000卢布的罚款。(联邦法律 28.06.2009 N 124-ФЗ)

2. 鉴定人无权独立搜集进行鉴定的材料,无权与诉讼参加人进行单方接触,如果这样做会使他与案件的结果没有利害关系受到怀疑;不得泄露因鉴定而知悉的信息材料,或者将鉴定结果告诉指定鉴定的法院以外的任何人。(联邦法律 28.06.2009 N 124-ФЗ)

除非当事人在鉴定前拒付鉴定费,否则鉴定人或司法鉴定机构无权拒绝法院在规定期限内鉴定的委托。如果当事人拒绝在鉴定前支付鉴定费,则鉴定人或司法鉴定机构必须将鉴定结论和要求支付鉴定费用的申请一并发给法院。证明鉴定费用的文件作为法院根据本法第96条第2款和第98条之规定解决支付鉴定费用的依据。

3. 鉴定人出于提出结论之必需,有权了解与鉴定对象有关的案件材料;请求法院提供进行鉴定的补充材料和文件;在审判庭向案件参加人、证人提问;申请吸收其他鉴定人参加鉴定。

第86条 鉴定结论(Заключение эксперта)

1. 鉴定人提交书面鉴定结论。

2. 鉴定结论应该详细描述鉴定的情况、鉴定所得结论,回答法院提出的问题。如果鉴定人鉴定时发现对审理和解决案件有意义却没有向他提出问题的情况,鉴定人有权将这些情况的意见写入自己的鉴定结论。

3. 鉴定人的鉴定结论对法院没有约束力,鉴定结论的评定应根据本法典第67条规定的规则进行。法院如不同意鉴定结论。应该在法院的判决或裁定中说明不同意的理由。

4. 鉴定期间可以中止案件的诉讼。

第87条 补充鉴定和再次鉴定(Дополнительная и повторная экспертизы)

1. 鉴定结论不够明确或不够充分的,法院可以委托同一鉴定人或另一鉴定人进行补充鉴定。

2. 如果对原鉴定结论的正确性或是否有根据产生怀疑以及几位鉴定人的鉴定结论存在矛盾,则法院可以对相同的问题指定再次鉴定,再次鉴定应另行委托鉴定人进行。

3. 法院指定补充鉴定或再次鉴定的裁定中应该阐述法院不同意鉴定人原结论的理由。

外国民事诉讼法译丛
俄罗斯民事诉讼法典

第7章 诉讼费用(СУДЕБНЫЕ РАСХОДЫ)

第88条 诉讼费用(Судебные расходы)

1. 诉讼费用包括国家规费和与案件审理有关的费用。

2. 国家规费的数额和交纳程序由俄罗斯联邦关于税、费的联邦法律规定。

第89条 免交国家规费(Льготы по уплате государственной пошлины)(联邦法律 02.11.2004 N 127-ФЗ)

免交国家规费的情形由俄罗斯联邦关于税、费的联邦法律规定。

第90条 缓交或分期缴纳国家规费的理由和程序(Основания и порядок предоставления отсрочки или рассрочки уплаты государственной пошлины)(联邦法律 02.11.2004 N 127-ФЗ)

缓交或分期交纳国家规费或减少国家规费的理由和根据由俄罗斯联邦关于税、费的法律规定。

第91条 案件价格(Цена иска)

1. 案件价额按以下办法计算:

(1)在追索金钱的诉讼中——按追索的金额计算。

(2)在追索财产的诉讼中——按追索财产的价值计算。

(3)在追索扶养费的诉讼中——按年度扶养费总额计算。

(4)在定期支付和发放款项的诉讼中——按所有支付和发放款项的总和计算,但不得超过3年的总和。

(5)在不定期或终身支付和发放的款项的诉讼中——按3年支付和发放款项的总和计算。

(6)在减少或增加支付和发放款项的诉讼中——按减少或增加支付和发放款项的总和计算,但不得超过1年的总和。

(7)在终止支付和发放款项的诉讼中——按剩余支付和发放款项的总和计算,但不得超过1年的总和。

(8)在提前解除财产租赁合同的诉讼中——按合同剩余有效期内使用财产应支付金额的总和计算,但不得超过3年的总和。

(9)在属于公民的不动产所有权的诉讼中——按不动产的价值计算,但不得低于登记的评估价格;在没有登记的评估价格时,不得低于保险合同中的估价;如果不动产属于组织,则不得低于不动产在资产负债表中的估价。

(10)在包括几个独立请求的诉讼中——单独按每个请求计算。

2. 案件价额由原告确定。如果案件价额显然与所追索财产的实际价值不符,案件价额由法官在受理诉状时确定。

第92条 补缴国家规费(Доплата государственной пошлины)(联邦法律 02.11.2004 N 127-ФЗ)

1. 补充缴纳国家规费,根据俄罗斯联邦税收法律确定的理由和程序进行。

2. 原告在案件审理中增加诉讼请求数额的,案件的审理在原告提交补缴国家规费的证据或法院依照本法典第90条解决缓交或分期缴纳国家规费、减少国家规费数额的问题后继续进行。

第93条 退还和抵销国家规费的理由和程序(Основания и порядок возврата или зачета государственной пошлины)(联邦法律 02.11.2004 N 127-ФЗ)

退还和抵销国家规费的理由和程序由俄罗斯联邦税收法律规定。

第94条 与案件审理有关的费用(Издержки, связанные с рассмотрением дела)

与案件审理有关的费用包括:

付给证人、鉴定人、专家和翻译人员的费用;

外国公民和无国籍人负担的翻译费,俄罗斯联邦签订的国际条约有不同规定的除外;

当事人和第三人出庭的交通和住宿费;

代理人的服务费;

现场勘验的费用;

依照本法典第99条对实际耗费时间的补偿费用;

由当事人负担的因审理案件而发生的邮政费用;

法院认可的其他必要开支。

第95条 证人、鉴定人、专家和翻译人员的费用(Денежные суммы, подлежащие выплате свидетелям, экспертам, специалистам и переводчикам)

1. 应该向证人、鉴定人、专家和翻译人员补偿出庭的交通费、住宿费和差旅费。(联邦法律 09.03.2010 N 20-ФЗ)

2. 对有工作而被作为证人传唤到庭的公民,在因其出庭而缺勤的期间,支付其工作地点的平均工资。没有建立劳动关系的证人,离开日常工作出庭而缺勤的,应根据实际耗费的时间和联邦法律规定的最低劳动报酬额获得补偿。(联邦法律 25.11.2008 N 223-ФЗ)

3. 鉴定人、专家完成法院委托的不属于其作为国家机构工作人员职责范围的工作,应该取得报酬。对鉴定人、专家所付报酬的数额由当事人商议并与鉴定人、专家协商后由法院决定。(联邦法律 25.11.2008 N 223-ФЗ)

第 96 条 当事人交纳应付给证人、鉴定人和专家的费用(Внесение сторонами денежных сумм, подлежащих выплате свидетелям, экспертам и специалистам)

1. 应该付给证人、鉴定人、专家的费用以及法院认为审理案件必需的其他费用,应由提出相应请求的一方当事人预交给俄罗斯联邦预算立法确定的银行账户,即相应的俄罗斯联邦最高法院、共和国最高法院、边疆区法院、州法院、直辖市法院、自治州法院、自治专区法院、军事法院、俄罗斯联邦主体司法部以及为组织保障治安法官、提出相应请求的当事人活动秩序而提出申请的机关的银行账户。如果上述请求由双方当事人提出,所需费用由双方均摊。(联邦法律 25.11.2008 N 223-ФЗ、联邦法律 12.03.2014 N 29-ФЗ)

2. 法院依职权传唤证人、指定鉴定人、聘请专家、进行其他应付费的诉讼行为的,使用联邦预算资金支付相应的费用。

治安法官依职权传唤证人、指定鉴定人、聘请专家、进行其他应该付费的诉讼行为,使用治安法官工作的俄罗斯联邦主体的预算资金支付相应的费用。

3. 法院以及治安法官可以根据公民的财产状况,决定公民免交本条第 1 款所列费用或者减少费用的数额。在这种情况下,上述费用使用相应预算资金支付。

4. 当事人缴纳到银行账户作为法院支出的金额有剩余的,法院应当裁定归还给当事人。归还程序由俄罗斯联邦政府确定。

第 97 条 向证人和翻译人员付费(Выплата денежных сумм, причитающихся свидетелям и переводчикам)

1. 应该付给证人和翻译人员的费用,按其所履行的职责支付。翻译费和翻译人员因出庭而发生的开支,使用相应的预算资金支付。(联邦法律 25.11.2008 N 223-ФЗ)

2. 向证人和翻译人员付费的程序以及费用的数额,由俄罗斯联邦政

府规定。（联邦法律 25.11.2008 N 223-ФЗ）

第 98 条 当事人分担诉讼费用（Распределение судебных расходов между сторонами）

1. 法院应责成败诉方向胜诉方补偿案件的诉讼费用，但本法典第 96 条第 2 款规定的费用除外。部分胜诉的，则本条所列诉讼费用按胜诉数额的比例补偿给原告，而按原告败诉部分数额的比例补偿给被告。

2. 本条第 1 款的规则，亦适用于上诉审、法律审查审和监督审。（联邦法律 25.11.2008 N 223-ФЗ）

3. 上一审级的法院未将案件发还重新审理，而是变更了下一审级法院的判决并作出新的判决，新判决应相应变更诉讼费用的分担比例。上一审级法院在前述情况下没有变更原判诉讼费用分担比例的，第一审法院可以根据利害关系人的申请变更。

第 99 条 误工赔偿费（Взыскание компенсации за потерю времени）

当事人非善意提出无理诉讼请求或者多次阻挠案件的正确及时审理和解决的，法院可以为另一方当事人的利益向该方追索实际耗费时间的赔偿费用。赔偿的数额由法院在合理的限度内根据具体证据决定。

第 100 条 代理人服务费的补偿（Возмещение расходов на оплату услуг представителя）

1. 根据法院判决胜诉方的书面申请，法院可以责成另一方在合理的限度内支付胜诉方代理人的服务费。

2. 律师按规定程序向判决胜诉方无偿提供服务的，则本条第 1 款所列律师服务费应向另一方追索，作为有关律师组织的收入。

第 101 条 撤诉和签订和解协议时诉讼费用的分担（Распределение судебных расходов при отказе от иска и заключении мирового соглашения）

1. 原告撤诉的，其发生的诉讼费用不予补偿。原告应向被告补偿因案件进行而发生的费用。如果原告由于在提起诉讼后被告自愿满足其诉讼请求而撤诉，则原告在本案中的一切诉讼费用，包括代理人的服务费均可根据原告的请求向被告追索。

2. 签订和解协议时，双方当事人应该约定分担诉讼费用包括代理人服务费的办法。

双方当事人在签订和解协议时未约定诉讼费用分担办法的，法院分别依照本法典第 95 条、第 97 条、第 99 条和第 100 条规定处理。

第 **102** 条 当事人诉讼费用的补偿（Возмещение сторонам судебных расходов）

1. 在法律规定的情形下，为了维护权利、自由和合法利益而向法院提出诉讼请求的原告，如其诉讼请求被全部或部分驳回，则使用相应预算的资金全部或按原告诉讼请求驳回或支持的比例补偿被告因案件审理而发生的费用。

2. 解除财产扣押的诉讼请求得到满足的，则使用相应预算的资金补偿原告所发生的诉讼费用。

第 **103** 条 补偿法院因审理案件而发生的诉讼费用（Возмещение судебных расходов, понесенных судом в связи с рассмотрением дела）

1. 法院因审理案件而发生的费用以及原告免交的国家规费，按支持诉讼请求的比例向没有被免交诉讼费用的被告追索，追索到的金额根据俄罗斯联邦预算法确定的标准和留成补偿预算收入。（联邦法律 25.11.2008 N 223-ФЗ）

2. 驳回诉讼请求时，法院因审理案件而发生的费用应向没有被免交诉讼费用的原告追索，作为联邦预算收入。（联邦法律 25.11.2008 N 223-ФЗ）

3. 诉讼请求被部分支持，而被告又被免交诉讼费用，则法院因审理案件而发生的费用应按败诉或胜诉的比例向没有被免交诉讼费用的原告追索，作为联邦预算收入。（联邦法律 25.11.2008 N 223-ФЗ）

4. 双方当事人均被免交诉讼费用，则法院以及治安法官因审理案件而发生的费用使用联邦预算资金补偿。（联邦法律 25.11.2008 N 223-ФЗ）

5. 补偿依照本条所发生的诉讼费用的程序和数额，由俄罗斯联邦政府规定。

第 **104** 条 对法院诉讼费用裁定的复议（Обжалование определения суда по вопросам, связанным с судебными расходами）

对法院诉讼费用的裁定，可以提出复议。

第 8 章 诉讼罚款（СУДЕБНЫЕ ШТРАФЫ）

第 **105** 条 科处诉讼罚款（Наложение судебных штрафов）

1. 在本法典规定的情况下，诉讼罚款由法院依照本法典规定的数额科处。

2. 法院对违反联邦法律规定的职责不参加案件审理的国家机关、地方自治机关、组织的公职人员科处诉讼罚款,罚款由个人负担。

3. 法院科处诉讼罚款的裁定的副本应送交被处罚人。

第106条 诉讼罚款的减免(Сложение или уменьшение судебного штрафа)

1. 被科处诉讼罚款的人员在收到法院科处诉讼罚款裁定的副本之日起的10日内,可以向科处诉讼罚款的法院申请减免,该申请应在10日内开庭审理。开庭的时间和地点应通知被科处诉讼罚款的人员,被处罚人不出庭不妨碍申请的审理。

2. 对法院驳回减免诉讼罚款申请的裁定,可以提出复议。

第9章 诉讼期间(ПРОЦЕССУАЛЬНЫЕ СРОКИ)

第107条 诉讼期间的计算(Исчисление процессуальных сроков)

1. 诉讼行为应在联邦法律规定的诉讼期间实施。在联邦法律未规定的情况下,期间由法院指定。法院应根据合理原则指定诉讼期间。

2. 诉讼期间由日期、必然应该发生的事件或者时期决定。在后一种情况下,诉讼行为可以在整个时期内实施。

3. 诉讼期间按年、月、日计算,自日期的次日或事件开始发生的次日起计算。

第108条 诉讼期间终结(Окончание процессуального срока)

1. 按年计算的诉讼期间,在期间最后一年的相应月和日届满。按月计算的期间,在期间最后一月的相应日届满。按月计算的期间在其最后一月没有相应日的,诉讼期间在最后一月的最后一日届满。

2. 诉讼期间的最后一日适逢非工作日,则非工作日之后的第一个工作日为诉讼期间届满之日。

3. 规定了实施期间的诉讼行为,可以在期间的最后一日24点前实施。上诉状、文件或钱款在期间的最后一日24点前交付邮政组织的,不视为逾期。

4. 诉讼行为应该直接在法院或其他组织实施的,则该法院或该组织按规定结束工作日或结束相应业务之时为诉讼期间的届满之时。

第109条 耽误诉讼期间的后果(Последствия пропуска процессуальных сроков)

1. 实施诉讼行为的权利因联邦法律规定或法院指定的诉讼期间的届满而消灭。

2. 诉讼期间届满后递交的上诉状和文件,如果没有申请恢复耽误的诉讼期间,法院不予审理并退回递交人。

第 110 条 诉讼期间的中止(Приостановление процессуальных сроков)

1. 所有尚未届满的诉讼期间随着案件诉讼的中止而同时中止。

2. 自恢复案件的诉讼之日起诉讼期间继续计算。

第 111 条 诉讼期间的延长(Продление процессуальных сроков)

法院指定的诉讼期间可以由法院决定延长。

第 112 条 诉讼期间的恢复(Восстановление процессуальных сроков)（联邦法律 28.07.2004 N 94-ФЗ）

1. 当事人由于法院认为正当的原因而耽误联邦法律规定的诉讼期间的,耽误的诉讼期间可以恢复。

2. 要求恢复耽误的诉讼期间的申请应提交给实施诉讼行为的法院,并在法院开庭审理。开庭的时间和地点应通知案件参加人,案件参加人不到庭不妨碍法院对此问题的解决。

3. 在递交恢复耽误的诉讼期间申请的同时,应该实施耽误期间的诉讼行为(递交上诉状、提交文件)。

4. 根据本法第 376 条第 2 款、第 391.2 条第 2 款和第 391.11 条第 2 款规定的恢复耽误的诉讼期限的申请,向审理案件的第一审法院提出。只有当法院认为申请人理由正当,客观上不能向法律审查法院或监督审法院在规定期限提交申请(如提交申请人重病、无能力和其他因素)的情形不迟于法院受理生效裁判申诉之日起 1 年的,上述期限可以恢复。(联邦法律 09.12.2010 N 353-ФЗ)

5. 对法院恢复诉讼期间或驳回恢复诉讼期间申请的裁定,可以提出复议。

第 10 章　法院的通知和传唤
(СУДЕБНЫЕ ИЗВЕЩЕНИЯ И ВЫЗОВЫ)

第 113 条 法院的通知和传唤(Судебные извещения и вызовы)

1. 通知和传唤案件参加人以及证人、鉴定人、专家和翻译人员到庭,使用附有回执的挂号信、附有回执的传票、电话通知或电报通知、传真通知或使用其他保证记载法院通知和传唤并保证送达收件人的通信和送达手段。

2. 传票是法院通知和传唤的一种形式。传票用于将审判庭开庭或实施某一诉讼行为的时间和地点通知案件参加人,还可将诉讼文件的副本与传票以挂号信方式送达案件参加人。传票也用来传唤证人、鉴定人、专家和翻译人员。

3. 法院通知和传唤送达案件参加人的时间,应使案件参加人有足够的时间准备案件和及时出庭。

4. 发给案件参加人的法院通知,应该按照案件参加人或其代理人指定的地址发送。如果公民实际上不在该地址居住,则通知可以发送到其工作地点。

5. 发给机构的法院通知,应送达到该机构的所在地。

如果机构的设立文件规定有代表机构或分支机构,则发给机构的通知可以发送到其代表机构或分支机构所在地。

6. 本条所列法院通知和传唤的形式适用于外国公民和外国法人,俄罗斯联邦签署的国际条约另有规定的除外。

第 114 条 传票和法院通知的内容(Содержание судебных повесток и иных судебных извещений)

1. 传票和其他法院通知应该包括以下内容:

(1)法院的名称和地址;

(2)开庭的时间和地点;

(3)被通知或被传唤到庭的收件人名称;

(4)收件人被通知或被传唤的身份;

(5)收件人被通知或被传唤的有关案件的名称。

2. 给案件参加人的传票或其他法院通知应要求被传唤或被通知人向法院提交他们所掌握的涉及案件的所有证据,同时指出不提交证据和不到案的后果,说明他们有义务向法院说明不到案的原因。

3. 在送给被告传票或其他法院通知的同时,法官还应附送诉讼请求的副本;而在送给原告传票或其他法院通知的同时,如果法院已经收到被告的书面陈述,还要附送该陈述。

第 115 条 送达传票和法院其他通知(Доставка судебных повесток и иных судебных извещений)

1. 传票和法院其他通知通过邮局或法官委托的人送达。送达收件人的时间应按邮政组织规定的形式确定或者按照应该退还法院的文件确定。

2. 法官经案件参加人同意可以将传票或其他法院通知交给其他人,由他转交被通知或被传唤到案的人。接受法院委托送达传票或其他法院通知的人,必须将传票的存根或其他法院通知的副本连同收件人的收据一并送回法院。

第116条 交付传票(Вручение судебной повестки)

1. 给公民的传票,应交给本人,并由本人在传票存根上签收,存根应送回法院。给组织的传票,应交给相应的公职人员,并由其在传票存根上签收。

2. 送达传票的人未在被传唤人住所地找到收件人,则传票应交给与收件人共同生活的成年家庭成员,由其同意将传票转交给收件人。

如果公民被传唤到庭是确认其为无行为能力或限制行为能力人的,应在法院传票标注,必须将传票交给收件人本人。不得将确认收件人为无行为能力或限制行为能力人的传票交给其他人。(联邦法律06.04.2011 N 67-ФЗ)

3. 收件人暂时不在的,送达传票的人应在传票存根上注明收件人的去处和可能返回的时间。

4. 收件人下落不明的,在应交付的传票上注明此情况,并载明送达的日期和时间以及消息来源。

第117条 拒收传票或法院其他通知的后果(Последствия отказа от принятия судебной повестки или иного судебного извещения)

1. 收件人拒收传票或法院其他通知的,送达人或交付人应在传票或法院其他通知上做相应的记载。传票或法院其他通知应被退回法院。

2. 收件人拒绝接收传票或法院其他通知的,视为已经通知其法庭审理或实施某一诉讼行为的时间和地点。

第118条 诉讼中变更地址(Перемена адреса во время производства по делу)

案件参加人在案件诉讼过程中变更地址的,必须将变更地址的情况报告法院。如果没有报告,则传票或法院其他通知仍按法院已知收件人最后住所地或所在地寄送,即使收件人不在原址,传票或法院其他通知视为已经送达。

第 119 条　被告下落不明（Неизвестность места пребывания ответчика）

被告下落不明时，法院自被告最后住所地反馈有关情况的信息资料后开始案件审理。

第 120 条　侦查被告和（或）孩子〔Розыск ответчика и（или）ребенка〕（联邦法律 05.05.2014 N 126-ФЗ）

1. 在维护俄罗斯联邦、俄罗斯联邦各主体、地方自治组织的利益的诉讼案件中，追索扶养费、因致残或其他健康损害案件中，供养人死亡而发生的损害赔偿案件中，被告下落不明的，法官必须裁定侦查被告。根据俄罗斯联邦签署的国际条约要求归还非法进入俄罗斯联邦或滞留俄罗斯联邦孩子、实现探视权的案件中，被告和（或）孩子下落不明时，法官必须裁定侦查被告和（或）孩子。（联邦法律 05.05.2014 N 126-ФЗ）

2. 法院根据保障法院秩序和执行法院、其他组织裁判的联邦执行机构、地方执行机构的申请，参照本法典第 11 章的规定以法院命令的方式追索侦查被告或孩子的费用。（联邦法律 30.06.2003 N 86-ФЗ、联邦法律 03.12.2011 N 389-ФЗ、联邦法律 05.05.2014 N 126-ФЗ）

第二编　第一审法院的程序

(ПРОИЗВОДСТВО В СУДЕ
ПЕРВОЙ ИНСТАНЦИИ)

第一分编　命令程序
(ПРИКАЗНОЕ ПРОИЗВОДСТВО)

第 11 章　法院命令(СУДЕБНЫЙ ПРИКАЗ)

第 121 条　法院命令(Судебный приказ)

1. 法院命令是法官在本法典第 122 条规定的诉讼中,根据向债务人追索金钱或动产的申请而独任作出的法院裁判。

2. 法院命令也是执行文件,应按法院裁判的执行程序予以执行。

第 122 条　可以发出法院命令的请求(Требования, по которым выдается судебный приказ)

在下列请求案件中,可以发出法院命令:

请求的根据是经过公证的法律行为;

请求的根据是以普通书面形式实施的法律行为;

请求的根据是公证员对票据发出的拒绝支付、拒绝承兑和拒绝签署承兑日期的命令;

请求是追索未成年子女的抚养费而与确定父亲身份、对父亲身份(母亲身份)须追加其他利害关系人等无关;

此处原内容根据联邦法律 03.2015 N 23-ФЗ 自 2015 年 9 月 15 日起失效;

请求是追索应发但未向工作人员支付的工资、休假费、休假时应发的其他款项。(联邦法律 23.04.2012 N 35-ФЗ)

俄罗斯联邦有执行权的地方机构提出请求追索在保障法院活动秩序和执行法院、其他机关决议时发生的与侦查被告、债务人和孩子有关的费用。(联邦法律 30.06.2003 N 86-ФЗ、联邦法律 02.10.2007 N 225-ФЗ、

联邦法律 03.12.2011 N 389-ФЗ、联邦法律 05.05.2014 N 126-ФЗ)

请求追索应发而未发的因违反劳动时间的工资赔偿、解聘时的离职费以及属于工作人员的其他费用。(联邦法律 23.04.2012 N 35-ФЗ)

请求追索物业服务和市政公共服务包括电信服务费用。(联邦法律 02.03.2016 N 45-ФЗ)

请求追索私有住宅或合作建房的成员必须支付或缴纳的费用。(联邦法律 02.03.2016 N 45-ФЗ)

第 123 条 申请法院命令（Подача заявления о вынесении судебного приказа）

1. 申请法院命令应按照本法典规定的一般审判管辖规则向法院提出。

2. 申请法院命令按国家规费标准的 50％交纳国家规费。

第 124 条 申请法院命令的形式和内容（Форма и содержание заявления о вынесении судебного приказа）

1. 申请法院命令应以书面形式提出。

2. 法院命令申请书应该包括以下内容：

(1)接受申请书的法院的名称；

(2)追索人姓名(名称)、追索人的住所地或所在地；

(3)债务人姓名(名称)、债务人的住所地或所在地；如果知晓公民债务人的出生日期、地点、工作单位的，也应写明；(联邦法律 23.06.2014 N 161-ФЗ)

(4)追索人的请求和作为追索理由的情况；

(5)证明追索人请求根据的文件；

(6)所附具文件的清单。

追索动产的，申请书还应指出该动产的价值。

3. 法院命令申请书由追索人或享有相应权限的追索人的代理人签字。代理人递交申请书的，应附具证明其权限的文件。

第 125 条 退还法院命令申请或拒绝受理命令申请的理由（Основания для возвращения заявления о вынесении судебного приказа или отказа в его принятии）（联邦法律 23.06.2014 N 161-ФЗ）

1. 法官根据本法典第 135 条规定的理由，退还做出法院命令的申请。此外，有下列情况之一的，法官亦可退还法院命令申请：

(1)未提交证明请求的文件；

（2）提出申请而未缴纳国家规费；

（3）未按照本法典第 124 条规定的形式和内容提出申请。

2. 退还请求法院作出法院命令申请后，不妨碍追索人在清除上述情形后，对同一债务人就相同的要求并根据相同的理由，再次向法院请求发出法院命令。

3. 法官根据本法典第 134 条规定的理由拒绝受理法院命令申请。此外，有下列情况之一的，法官亦可拒绝受理法院命令申请：

（1）提出本法典第 122 条规定以外的申请；

（2）债务人住所地或所在地在俄罗斯联邦境外；

（3）从申请书和提交的文件可以看出对权利存在争议。

4. 法官应自收到申请书之日起的 3 日内作出退还作出法院命令申请或拒绝受理法院命令申请的裁定。

第 126 条 作出法院命令的程序（Порядок вынесения судебного приказа）

1. 法院应自收到法院命令申请书之日起的 5 日内就所提请求的实质作出法院命令。

2. 法院命令的作出无须经过法庭审理，也无须传唤当事人听取陈述。

第 127 条 法院命令的内容（Содержание судебного приказа）

1. 法院命令应该指出：

（1）诉讼编号和作出命令的日期；

（2）法院名称，作出法院命令的法官的姓名；

（3）追索人的名称、住所地或所在地；

（4）债务人的名称、住所地或所在地，如果知晓公民债务人的出生日期、地点、工作单位的，也应写明；

（5）请求所依据的法律；

（6）应该追索的金钱数额或动产的特征及其价值；

（7）在联邦法律规定追索违约金的情况下的违约金数额，以及在应该追索罚款情况下的罚款数额；

（8）应该向债务人追索作为追索人收入或作为相应预算收入的国家规费的数额；

（9）俄罗斯联邦预算资金被当作追索对象时，应写明追索人银行账号；（联邦法律 27.12.2005 N 197-ФЗ）

（10）部分执行或分期支付执行的时间。（联邦法律 23.06.2014 N 161-ФЗ）

2. 在追索未成年子女抚养费的法院命令中，除本条第 1 款第 1 项至第 5 项规定的内容外，还应指出债务人的出生日期和出生地、债务人的工作地点，应抚养的每个子女的名字和出生日期、每月向债务人追索的金额和追索的期限。

3. 法院命令使用专门表格制作，一式两份，由法官签字，法院命令一份留在法院。给债务人制作法院命令的副本。

第 128 条 将法院命令通知债务人（Извещение должника о вынесении судебного приказа）

法官向债务人寄送法院命令的副本，债务人在收到命令之日起的 5 日内有权对命令的执行提出抗辩。

第 129 条 法院命令的撤销（Отмена судебного приказа）

债务人在规定期限内提出抗辩的，法官撤销法院命令。在撤销法院命令的裁定中，法官应向追索人说明可以通过诉讼程序提出请求。撤销法院命令的法院裁定的副本应在作出之日起的 3 日内送交当事人。

第 130 条 法院命令交付追索人（Выдача судебного приказа взыскателю）

1. 债务人未在规定期限内提出抗辩的，法官将加盖法院徽章的第二份法院命令发给追索人予以执行。根据追索人的请求，法院可以将法院命令送交执行司法警察予以执行。执行文件可以根据联邦立法确定的程序通过法官专门电子技术签名的电子文件发出。（联邦法律 08.03.2015 N 41-ФЗ）

2. 根据法院命令向债务人追索国家规费作为相应预算收入时，法院根据法院命令发出执行命令。执行命令应加盖法院的徽章，并由法院发给执行司法警察予以执行。执行文件可以根据联邦立法确定的程序通过法官专门电子技术签名的电子文件发出。（联邦法律 08.03.2015 N 41-ФЗ）

3. 为执行而发出的法院命令的电子文本式样，由俄罗斯联邦政府确定。（联邦法律 08.03.2015 N 41-ФЗ）

第二分编　诉讼程序(ИСКОВОЕ ПРОИЗВОДСТВО)

第12章　起诉(ПРЕДЪЯВЛЕНИЕ ИСКА)

第 **131** 条　诉状的形式和内容（Форма и содержание искового заявления）

1. 起诉应向法院提交书面诉状。

2. 诉状应载明：

(1)接受诉状的法院名称。

(2)原告的姓名(名称)、住所地或者作为原告的组织的所在地。如果诉状是代理人提交的,还应载明代理人的姓名和住址。

(3)被告的姓名(名称)、住所地或者作为组织的被告的所在地。

(4)对原告权利、自由和合法利益的侵害或侵害威胁,原告的请求。

(5)原告据以提出请求的事实以及证明这些事实的证据。

(6)诉讼应该估价时的诉讼价额,以及被追索或有争议金额的计算。

(7)在联邦法律规定或双方当事人合同约定的情况下,向被告提出起诉前庭外调解的信息资料。

(8)诉状所附文件的清单。

诉状可以指出原告、原告的代理人、被告的电话、传真号码、电子邮件地址,其他对案件的审理和解决有意义的信息资料,以及叙述原告的申请。

3. 检察长为维护俄罗斯联邦、俄罗斯联邦各主体、地方自治组织或者维护不特定范围人群的权利、自由和合法利益而提交的诉状,应该指出他们的具体利益、权利受到什么侵害;诉状还应该援引维护这些利益的法律或其他规范性法令。

如果检察长维护的是公民的合法利益,则诉状应该论证该公民自己不能提起诉讼的理由或该公民向检察长提出的请求。（联邦法律05.04.2009 N 43-ФЗ）

4. 诉状由原告签字或在其代理人有权签字向法院提交诉状时由其代理人签字。

第 **132** 条　诉状应附具的文件（Документы, прилагаемые к исковому

诉状应附具：

诉状的副本,副本数量与被告和第三人数量相同；

证明已经交纳国家规费的单据；

证明原告代理人权限的委托书或其他文件；

证明原告据以提出诉讼请求的情况的文件,被告和第三人没有这些文件的副本时,还要附具向被告和第三人提供这些文件的复印件；

此段原文内容根据联邦法律 08.03.2015 2015 N 23-ФЗ 自 2015 年 9 月 15 日起失效；

如果联邦法律规定或合同约定强制性先行庭外调解程序的,提供经过该程序的相应证据；

由原告、原告代理人签字追索的或争议的金额以及与被告和第三人数量相等的副本。

第 133 条 诉状的受理（Принятие искового заявления）

法官在收到诉状之日起 5 日内必须审议法院受理诉状的问题。法院应就受理诉状事宜作出裁定。该裁定为第一审程序的发生根据。

第 134 条 拒绝受理诉状（Отказ в принятии искового заявления）

1. 有下列情形之一的,法官拒绝受理诉状：

(1)诉讼请求不能依照民事诉讼程序审理和解决,而应该通过其他司法程序审理的；诉讼请求是由国家机关、地方自治机关、组织和公民为维护他人的权利、自由和合法利益而提出的,但本法典或其他联邦法律没有规定国家机关、地方自治机关、组织或公民享有此项权利的；以自己的名义提交诉状,而诉状要求撤销的文件并不涉及起诉人的权利、自由和合法利益的。

(2)对相同当事人、相同标的和相同理由的争议已经存在发生法律效力的法院判决,或者因原告放弃诉讼请求或批准双方的和解协议法院裁定终止诉讼的。

(3)仲裁庭已就相同当事人、相同标的和相同理由的争议做出具有强制力的仲裁裁决,法院拒绝发出强制执行仲裁庭裁决命令的情况除外。

2. 拒绝受理诉状的,法官应作出说明理由的裁定,裁定应在收到诉状之日起 5 日内连同诉状和所附具文件一并交付或送交起诉人。

3. 拒绝受理诉状后,起诉人不得对相同被告人、相同标的和相同理由再次向法院起诉。对法官拒绝受理诉状的裁定可以提出复议。

第 135 条　退回诉状（Возвращение искового заявления）

1. 有下列情形之一的,法官退回诉状:

（1）联邦法律对该类争议规定或者当事人合同约定了调整争议的先行庭外调解程序,而原告未遵守该先行庭外调解程序,或者原告未提交证明已经遵守与被告争议的先行庭外调解程序的文件。

（1.1）应当适用命令程序的请求。（联邦法律 02.03.2016 N 45-ФЗ）

（2）案件不属本法院管辖。

（3）提交诉状的人无行为能力。

（4）诉状没有签字,诉状的签字人或提交人没有签字以及诉状的签字人或提交人没有向法院提交诉状的权限。

（5）相同当事人、相同标的和相同理由的争议正在其他法院或仲裁庭进行诉讼。

（6）在法院作出受理诉状的裁定之前收到原告撤回诉状的申请。

2. 退回诉状的,法官应作出说明理由的裁定。裁定应指出:如果案件不由本法院管辖,原告应向哪个法院提交诉状;或者如何消除妨碍案件提起的情况。法院的裁定应该在法院收到诉状之日起的 5 日内作出,并连同诉状和所附文件交付或寄送起诉人。

3. 原告消除了违反规定的事实后,不妨碍原告对相同被告、相同标的和相同理由再次向法院起诉。对法官退回诉状的裁定可以提出复议。

第 136 条　搁置诉状（Оставление искового заявления без движения）

1. 法官确定向法院提交诉状没有遵守本法典第 131 条和第 132 条规定要求的,作出搁置诉状的裁定,对此应通知提交起诉状的人,并提出修正缺陷的合理期限。

2. 如果起诉人在规定期限内执行了法官裁定中的指示,则诉状被认为是在原提交之日向法院提交的。否则,视为没有提交诉状,并与所附全部材料一并退回起诉人。

3. 对法官搁置诉状的裁定可以提出复议。

第 137 条　反诉（Предъявление встречного иска）

被告有权在法院作出判决之前提出反诉,以便与原诉一并审理。反诉按提起诉讼的一般规则提出。

第 138 条　受理反诉的条件（Условия принятия встречного иска）

有下列情形之一的,法官受理反诉:

反诉的提出是为了抵销本诉的请求;

反诉的满足完全或部分排除本诉；

反诉与本诉之间存在相互联系，合并审理有助于争议的迅速和正确解决。

第 13 章　诉讼保全 (ОБЕСПЕЧЕНИЕ ИСКА)

第 139 条 诉讼保全的理由 (Основания для обеспечения иска)（联邦法律 29.12.2015 N 409-ФЗ)

1. 根据案件参加人的申请，法官或法院可以采取诉讼保全措施。

2. 如果不采取诉讼保全措施可能使法院判决的执行发生困难或者成为不可能的，在案件的任何情况下均允许诉讼保全。

3. 根据仲裁当事人的申请，法官或法院可以在债务人住所地或债务人财产所在地采取诉讼保全措施。

第 140 条 诉讼保全措施 (Меры по обеспечению иска)

1. 诉讼保全的措施有：

(1) 扣押属于被告的财产或者扣押被告或其他人持有的财产。

(2) 禁止被告实施一定的行为。

(3) 禁止其他人实施一定的涉及争议标的的行为，包括禁止向被告交付财产或履行其他债务。

(3.1) 涉及在电子信息网包括国际互联网上侵犯摄影作品和类似摄影作品外的著作权和(或)邻接权的争议标的的，责成被告和其他人必须履行一定行为。（联邦法律 24.11.2014 N 364-ФЗ)

(4) 在提起解除财产扣押（排除查封）的诉讼时中止财产的变卖。

(5) 在债务人依照诉讼程序对执行文件提出争议的情况下，中止按照执行文件进行追索。

法官或法院必要时可以采取符合本法典第 139 条所列宗旨的其他诉讼保全措施。法官或法院可以同时采取几种诉讼保全措施。

2. 违反本条第 1 款第 2 项、第 3 项的禁止性规定，对过错人应处以1000 卢布以下的罚金。此外，原告有权依照诉讼程序请求这些人赔偿不执行法院诉讼保全裁定所造成的损失。（联邦法律 11.06.2008 N 85-ФЗ)

3. 诉讼保全措施应该与原告诉讼请求的数额相当。

4. 法官或法院应立即将采取诉讼保全措施的事宜通知进行财产或财产权、财产权限制（对财产设定他项权利）、财产权的移转和终止登记的相应国家机关或地方自治机关。

第 141 条 诉讼保全申请的审理（Рассмотрение заявления об обеспечении иска）

要求进行诉讼保全的申请应在法院收到的当日审理,无须通知被告或案件其他参加人。法官或法院采取诉讼保全措施应作出裁定。

第 142 条 法院诉讼保全裁定的执行（Исполнение определения суда об обеспечении иска）

1. 法院诉讼保全裁定应依照执行法院裁判的程序立即执行。

2. 根据法院诉讼保全裁定,法官或法院给原告发出执行命令并向被告送交法院裁定的副本。

第 143 条 诉讼保全措施的替代（Замена одних мер по обеспечению иска другими мерами по обеспечению иска）

1. 根据案件参加人的申请,允许依照本法典第 141 条规定的程序用一种诉讼保全措施代替另一种诉讼保全措施。

2. 金钱给付之诉的保全时,被告有权向法院的账户交纳原告所请求的金额代替法院所采取的诉讼保全措施。

第 144 条 撤销诉讼保全（Отмена обеспечения иска）

1. 法官或法院可以根据案件参加人的申请撤销诉讼保全,法官或法院也可以主动撤销诉讼保全。（联邦法律 05.04.2009 N 44-ФЗ）

2. 撤销诉讼保全的问题应在审判庭解决。应将开庭的时间和地点通知案件参加人,案件参加人不到庭不妨碍撤销诉讼保全的审理。

3. 诉讼请求被驳回的,已经采取的诉讼保全措施保留到法院判决生效之时。但是法官或法院也可以在作出判决的同时或作出判决之后作出撤销诉讼保全措施的裁定。诉讼请求得到支持时,已经采取的诉讼保全措施直至法院判决执行始终有效。

4. 法官或法院应将撤销诉讼保全措施的事宜立即通知进行财产或财产权、财产权限制（对财产设定他项权利）、财产权的移转和终止登记的相应国家机关或地方自治机关。

第 144.1 条 电子信息网络包括国际互联网上知识产权和（或）相邻权的预先保障措施［Предварительные обеспечительные меры защиты авторских и（или）смежных прав в информационно-телекоммуникационных сетях，в том числе в сети "Интернет"］（联邦法律 24.11.2014 N 364-ФЗ、联邦法律 02.07.2013 N 187-ФЗ）

1. 法院应组织或公民的书面申请，有权在诉讼前对电子信息网络包括国际互联网上的著作权和（或）邻接权采取预先保障措施，但摄影作品和类似摄影作品著作权除外。此申请可以直接向法院设在国际互联网的官方网站提交，并依照联邦法律规定的程序使用专门电子签名技术。（联邦法律24.11.2014 N 364-ФЗ）

2. 本条所指的预先保障措施由法院依据本章特别是本条的规定作出。

3. 申请预先保护电子信息网络包括国际互联网上除过摄影作品和类似摄影方法形成的作品以外的著作权和（或）邻接权的，向莫斯科市法院提出。（联邦法律24.11.2014 N 364-ФЗ）

4. 提出预先保护电子信息网络包括国际互联网上的除过摄影作品和类似摄影作品以外的著作权和（或）邻接权的，申请人应向法院提交文件证明在电子信息网络包括国际互联网上被利用的事实、客体排他权的事实和申请人对上述客体享有权利的事实。

上述提供给法院的文件可以直接成为作出拒绝预先保护电子信息网络包括国际互联网上除摄影作品和以类似摄影的方法形成的作品以外的著作权和（或）邻接权裁定的根据，但在裁定中法院应解释履行本款要求后再次提交上述申请的权利和按照普通程序提起诉讼的权利。（联邦法律24.11.2014 N 364-ФЗ）

5. 申请预先保护电子信息网包括国际互联网上除摄影作品和类似摄影作品著作权以外的著作权和（或）邻接权的，由法院作出裁定。（联邦法律24.11.2014 N 364-ФЗ）

裁定确定的预先保护期限不超过15日，从法院作出裁定之日起算，申请人应在此期间提起诉讼。上述裁定应当于不迟于作出的次日在莫斯科市法院的电子信息网络国际互联网上发布。

6. 法院裁定采取本条规定的预先保护措施的，请求保护电子信息网络包括国际互联网上除摄影作品和类似摄影作品著作权以外的著作权和（或）邻接权的诉状应向采取预先保护措施的法院提交。（联邦法律24.11.2014 N 364-ФЗ）

7. 申请人没有按期提交诉状的，法院裁定中确定的预先保护电子信息网包括国际互联网上除过摄影作品和类似摄影作品著作权以外的著作权和（或）邻接权的措施由法院裁定撤销。（联邦法律24.11.2014 N 364-ФЗ）

撤销该预先保护的裁定,应在裁定作出的次日在莫斯科市电子信息网络国际互联网的官方网站上发布。

裁定书副本应当在裁定作出的次日寄送给申请人、对大众信息技术和信息联系方面具有检查监督职权的联邦机关和其他利害关系人。

8. 申请人提出的诉状与法院采取预先保护电子信息网络包括国际互联网上除摄影作品和类似摄影作品著作权以外的著作权和(或)邻接权有关,按照诉讼保全措施执行。(联邦法律 24.11.2014 N 364-ФЗ)

9. 法院因保护电子信息网络包括国际互联网上除摄影作品和以类似摄影的方法形成的作品的著作权和(或)邻接权而采取预先保护措施但申请人未在法院确定的期限内提起诉讼请求的,或诉讼请求被生效的法院裁判驳回的,权利和(或)合法利益因预先保护措施受到侵犯的组织或公民有权选择按照本法典第 146 条规定的程序要求赔偿损失。(联邦法律 24.11.2014 N 364-ФЗ)

第 145 条 对诉讼保全裁定提出复议(Обжалование определений суда об обеспечении иска)

1. 对法院诉讼保全的所有裁定均可以提出复议。

2. 法院诉讼保全的裁定作出时没有通知提出复议的人,则提出复议的期限自该人获悉法院裁定之日起计算。

3. 对法院诉讼保全的裁定提出复议不中止裁定的执行。对法院撤销诉讼保全的裁定或采取诉讼保全替代措施的裁定提出复议,中止法院裁定的执行。

第 146 条 赔偿被告因诉讼保全造成的损失(Возмещение ответчику убытков, причиненных обеспечением иска)

法官或法院可以在允许进行诉讼保全的同时,要求原告提供赔偿被告可能受到损失的保证。被告在法院驳回诉讼请求的判决生效后,有权提起诉讼,要求原告赔偿依原告请求而采取诉讼保全措施对被告造成的损失。

第14章 法庭审理的准备(ПОДГОТОВКА ДЕЛА К СУДЕБНОМУ РАЗБИРАТЕЛЬСТВУ)

第 147 条 法院准备对案件进行法庭审理的裁定(Определение суда о подготовке дела к судебному разбирательству)

1. 受理诉状以后,法官应作出准备对案件进行法庭审理的裁定,并指出双方当事人、案件其他参加人应该实施哪些行为,以及实施这些行为的期限,以保证正确和及时地审理和解决案件。

2. 对每一民事案件均必须准备法庭审理,准备应由法官在当事人、案件其他参加人及其代理人的参与下进行。

第 148 条 法庭审理准备的任务(Задачи подготовки дела к судебному разбирательству)

法庭审理的准备事项包括:

明确对正确解决案件有意义的事实情况;

确定解决案件时应该依据的法律,确定双方当事人的法律关系;

解决案件参加人和诉讼其他参加人的构成;

双方当事人、案件其他参加人提交必要的证据;

双方和解。

第 149 条 当事人准备法庭审理的行为(Действия сторонпри подготовке дела к судебному разбирательству)

1. 在法庭审理准备时,原告及其代理人应该:

(1)向被告提交证明诉讼事实根据的证据复印件;

(2)向法官申请调取没有法院帮助不能独立取得的证据。

2. 被告及其代理人应该:

(1)明确原告的诉讼请求和这些请求的事实根据;

(2)向原告、代理人和法院以书面形式抗辩诉讼请求;

(3)向原告、代理人和法官提交说明其抗辩根据的证据;

(4)向法官申请调取没有法院帮助不能独立取得的证据。

第 150 条 法官准备案件法庭审理的行为(Действия судьи при подготовке дела к судебному разбирательству)

1. 在法庭审理准备时,法官应该:

(1)向双方当事人说明其诉讼权利和诉讼义务。

(2)就诉讼请求的实质询问原告及其代理人,并在必要时建议在规定期限内提交补充证据。

(3)就案件情况询问被告,查明对诉讼请求有何抗辩和可以证明抗辩的证据。

(4)解决共同原告、共同被告和对争议标的无独立诉讼请求的第三人参加案件的问题,以及解决更换不当被告、诉讼请求合并和分立的问题。

(5)采取措施促使双方当事人进行和解,包括当事人在审理的任何阶段都有权进行的依联邦法院规定程序进行的调解,并向当事人说明要求仲裁庭解决争议的权利以及这种行为的后果。(联邦法律 27.07.2010 N 194-ФЗ)

(5.1)将案件移送适用简易程序审理。(联邦法律 02.03.2016 N 45-ФЗ)

(6)将法庭审理的时间和地点通知与案件结果有利害关系的公民和组织。

(7)传唤证人。

(8)指定鉴定、鉴定人,解决聘请专家、翻译人员参加诉讼的问题。

(9)根据当事人、案件其他参加人及其代理人的请求,向机构和公民调取当事人及其代理人不能独立取得的证据。

(10)在紧急情况下就地进行书证和物证的勘验并通知案件参加人。

(11)发出法院委托书。

(12)采取诉讼保全措施。

(13)在本法典第 152 条规定的情况下,确定召开预备庭、预备庭的时间和地点。

(14)实施其他必要的诉讼行为。

2. 法官应向被告送达或交付诉状和所附说明原告请求理由的文件的副本,并建议被告在规定期限内提交证据以证明其抗辩的理由。法官应说明,被告未在法官规定的期限内提交证据和抗辩不妨碍根据已有证据对案件进行审理。

3. 当事人多次对抗法庭审理案件的及时准备,法官可以按照本法典第 99 条规定的规则向其追索实际耗费时间的补偿费用。

第 151 条 诉讼请求的合并和分立(Соединение и разъединение нескольких исковых требований)

1. 原告有权将几个相互关联的诉讼请求合并在一个诉状内,本法另有规定的除外。(联邦法律 05.05.2014 N 126-ФЗ)

2. 法官认为诉讼请求分开审理更为适宜的,有权将一个或几个合并在一起的诉讼请求分立出来单独审理。

3. 在几名原告提出诉讼请求或向几名被告提出诉讼请求时,法官认为诉讼请求分开审理有利于案件的正确和及时审理和解决的,有权将一个或几个诉讼请求分立出来进行单独审理。

4. 法官确定在该法院进行诉讼的是几个同类案件而且当事人相同,

或者一个原告对不同被告提起几个案件,或几个原告对同一被告提起几个案件,如果认为合并在一起有利于案件的正确和及时审理和解决,法官有权考虑当事人的意见,将这些案件合并在一起进行审理和解决。

第 152 条 预备庭(Предварительное судебное заседание)

1. 预备庭的目的是固定当事人为准备法庭审理而实施的处分行为,确定对正确审理和解决案件有意义的情况,确定案件的证据是否充分,调查向法院提出请求的期限和诉讼时效期是否迟误等事实。

2. 预备庭由法官独任进行。应将预备庭开庭的时间和地点通知双方当事人。在预备庭,当事人有权提交证据,提出理由,提出申请。

前述人员可以按照本法典第 155.1 条规定的程序通过视频会议系统参加预备庭。(联邦法律 26.04.2013 N 66-ФЗ)

3. 案情复杂时,法官可以考虑当事人的意见,决定进行预备庭的期间超过本法典规定的审理和解决案件的期间。

4. 存在本法典第 215 条、第 216 条、第 220 条、第 222 条第 2 款和第 6 款规定情况时,案件的预备庭可以中止或终止,对诉状不予审理。

5. 中止或终止案件的审理、对诉状不予审理的事项应由法院作出裁定。对法院的裁定可以提出复议。

6. 预备庭可以审理被告有关原告无正当理由耽误维护权利的时效和联邦法律确定的向法院提出请求的期限的抗辩。(联邦法律 09.12.2010 N 353-ФЗ)

法院确定无正当理由耽误诉讼时效和向法院提出请求期限的,应作出驳回诉讼请求的判决,而无须调查案件的事实情况。对法院判决可以通过上诉程序提出上诉。

6.1 法院在预审有关父母亲(或父母亲一方)对孩子的要求时,有权在监护机关和保护机关参加的情况下,裁定法院判决生效之前孩子的生活地点以及实现探视权的程序。作出上述裁定时,法院必须掌握监护机关和保护机关的立场,必须关注孩子的意见。如果有证据表明在法院判决生效之前孩子生活地点的改变伤害孩子的利益,法院裁定孩子在法院判决生效之前的生活地点为事实上的生活地点。(联邦法律 04.05.2011 N 98-ФЗ)

7. 预备庭应依照本法典第 229 条和第 230 条制作笔录。

第 153 条 决定开庭审理(Назначение дела к судебному разбирательству)

法官认定案件准备就绪后,应作出决定开庭审理的裁定,并将案件审理的时间、地点通知当事人和案件其他参加人,传唤诉讼的其他参加人。

第 15 章　开庭审理(СУДЕБНОЕ РАЗБИРАТЕЛЬСТВО)

第 154 条　审理和解决民事案件的期限(Сроки рассмотрения и разрешения гражданских дел)

1. 在本法典没有另行规定的情形下,法院应在收到诉状之日起的 2 个月内审理和解决民事案件,治安法官应在受理诉状之日起的 1 个月内审理和解决案件。(联邦法律 28.06.2009 N 128-ФЗ)

2. 恢复工作、追索扶养费的案件应在一个月内审理和解决。

3. 联邦法律可以规定审理和解决某些种类民事案件的更短期限。

第 155 条　审判庭(Судебное заседание)

民事案件的审理在审判庭进行,并且必须将开庭的时间和地点通知案件参加人。

第 155.1 条　利用视频会议系统参加法庭审理(Участие в судебном заседании путем использования систем видеоконференц-связи)(联邦法律 26.04.2013 N 66-ФЗ)

1. 当法院技术支持视频会议系统时,可以应案件参加人、代理人、证人、鉴定人、专家和翻译人员申请或法院决定利用视频会议系统审理案件。法院应就利用视频会议系统参加法庭审理作出裁定。

2. 对案件参加人、代理人、证人、鉴定人、专家和翻译人员利用视频会议系统参加法庭审理的保障,由上述人员居住地、所在地相应法院提供。为保障在羁押场所或剥夺自由场所人员参加法庭审理,也可以使用上述场所视频会议系统。

3. 保障案件参加人、代理人、证人、鉴定人、专家和翻译人员利用视频会议系统参加法庭审理的法院,应检查他们的出席和身份。由审理案件的法院向证人、鉴定人和翻译人员告知其权利、义务以及违背权利义务的责任,由提供保障的法院取得上述人员的签名。取得的签名不迟于第二天即应发送给审理案件的法院作为法庭审理的记录。

4. 为保障羁押场所或剥夺自由场所的案件参加人利用视频会议系统参加案件,由审理案件的法院向其解释权利义务和违背权利义务的责任,这些场所的管理机关可以利用技术手段获得上述人员参加案件审理的签名。

第 156 条 审判长（Председательствующий в судебном заседании）

1. 独任法官履行审判长的职责。区法院合议庭审理案件时由法官或该法院院长担任审判长。其他法院的审判庭则由法官、法院院长或副院长担任审判长。

2. 审判长指挥审判庭，为全面和充分调查证据和案情、从审理中排除一切与案件审理无关的因素创造条件，案件参加人对审判长的行为提出异议的，应将异议记入审判笔录。审判长对自己的行为进行说明，在合议庭审理案件时由合议庭全体组成人员进行说明。

3. 审判长应当采取必要措施保障审判庭应有的秩序。审判长的指令对所有诉讼参加人以及到庭旁听的公民均具有强制力。

第 157 条 法庭审理的直接原则、言词原则和不间断原则（Непосредственность, устность и непрерывность судебного разбирательства）

1. 法院在审理案件时必须直接审查案件的证据，听取当事人和第三人的陈述、证人证言、鉴定结论、专家的咨询和解释，了解书证，勘验物证，播放录音和录像。

2. 案件的审理应口头进行。法庭组成人员不得变更。如果在案件诉讼过程中变更一名法官，案件的诉讼应从头开始。

3. 每一案件的法庭审理不间断进行，但确定休息的时间除外。在已经开始的案件审结之前或宣布延期审理之前，法庭无权再审理其他民事案件、刑事案件和行政案件，也不得审理行政违法案件。（联邦法律 08.03.2015 N 23-ФЗ）

第 158 条 审判庭秩序（Порядок в судебном заседании）

1. 法官进入审判庭时，全体人员均应起立。宣布法院判决以及宣布法院不作出判决而终止案件的裁定时，审判庭内的所有人员均应肃立聆听宣判。

2. 诉讼参加人对法官说话时应称呼"尊敬的法庭"，陈述和解释时均应站立。只有审判长批准方可例外。

3. 法庭审理的条件应能保证审判庭应有的秩序和诉讼参加人的安全。

4. 到庭旁听的公民和经法庭允许播放电影、录像、电视和转播的人员的行为均不得妨碍审判庭的应有秩序。前述行为应该在审判庭内法庭指定的区域进行。法院可以根据案件参加人的意见限制时间。

5. 诉讼参加人和所有旁听的公民必须遵守审判庭的秩序。

第 159 条 对违反法庭秩序者采取的措施（Меры，применяемые к нарушителям порядка в судебном заседании）

1. 对违反法庭秩序的人，审判长以法庭的名义宣布警告。

2. 案件参加人或其代理人再次违反法庭秩序的，法院可以裁定将其在全部或部分开庭期间逐出审判庭。在后一种情况下，审判长应向被允许再次进入审判庭的人介绍在其缺席期间实施的诉讼行为。旁听的公民再次违反法庭秩序的，可以根据审判长的指令在整个开庭期间逐出审判庭。

3. 法庭还有权对违反法庭秩序的过错人处以 1000 卢布以下的罚金。（联邦法律 11.06.2008 N 85-ФЗ）

4. 违反法庭秩序的人的行为符合犯罪构成要件的，法官应将材料移送调查机关或侦查机关，对违反者提起刑事案件。（联邦法律 24.07.2007 N 214-ФЗ）

5. 在审判庭旁听的公民群体性违反法庭秩序，法庭可以将不是诉讼参加人的公民逐出法庭，换在不公开的审判庭审理案件或者推迟案件的审理。

第 160 条 审判庭开庭（Открытие судебного заседания）

在预定审理案件的时间，审判长宣布审判庭开庭，并宣布应审理的民事案件。

第 161 条 检查诉讼参加人到庭（Проверка явки участников процесса）

1. 书记员向法庭报告被传唤人到庭情况，未到庭的人是否已经被通知到庭，有何材料说明他们缺席的原因。

2. 审判长确定到庭诉讼参加人的身份，核查公职人员的权限及诉讼参加人代理人的权限。

第 162 条 向翻译人员告知其权利和义务（Разъяснение переводчику его прав и обязанностей）

1. 案件参加人有权向法庭提出翻译人员的候选人。

2. 审判长应向翻译人员说明其有义务翻译不通晓诉讼语言的人的解释、陈述和申请，而向不通晓诉讼语言的人说明案件参加人、证人证言、陈述、申请的内容，以及所宣读的文件、播放的录音、鉴定结论、专家咨询意见及说明、审判长的指令、法院裁定和判决的内容。

3. 翻译人员有权在向诉讼参加人翻译时向审判长提问，以确切了解翻译的内容，了解审判庭笔录或个别诉讼行为笔录，以及对应该记入审判庭笔录的翻译内容是否正确提出意见。

4. 审判长应事先向翻译人员说明《俄罗斯联邦刑法典》对故意做不正确的翻译所规定的责任，并将翻译人员的有关具结纳入审判庭笔录。（联邦法律 11.06.2008 N 85-ФЗ）

如果翻译人员逃避到庭或者逃避履行义务，可处以 1000 卢布以下的罚金。

5. 本条的规则亦适用于掌握手语翻译技能的人员。

第 163 条 证人退出审判庭（Удаление свидетелей из зала судебного заседания）

出庭的证人在没有对其开始询问前应退出审判庭。审判长应采取措施防止已经被询问的证人与尚未被询问的证人接触。

第 164 条 宣布法庭组成人员、说明自行回避和申请回避的权利（Объявление состава суда и разъяснение права самоотвода и отвода）

1. 审判长宣布法庭组成人员，并宣布检察长、书记员、双方当事人的代理人和第三人及鉴定人、专家、翻译人员，并向案件参加人说明自行回避和申请回避的权利。

2. 自行回避和申请他人回避的理由、解决回避的程序以及满足自行回避和他人回避申请的后果，由本法典第 16 条至第 21 条规定。

第 165 条 告知案件参加人诉讼权利和义务（Разъяснение лицам, участвующим в деле, их процессуальных прав и обязанностей）

审判长应向案件参加人告知其诉讼权利和义务，还要向当事人说明本法典第 39 条规定的权利。

第 166 条 法庭解决案件参加人的申请（Разрешение судом ходатайств лиц, участвующих в деле）

案件参加人有关案件审理的申请，由审判庭在听取案件参加人意见后作出裁定并解决。

第 167 条 案件参加人及其代理人不到庭的后果（Последствия неявки в судебное заседание лиц, участвующих в деле, их представителей）

1. 案件参加人必须将不能到庭的原因通知法院，并提交说明原因正当的证据。

2. 案件的某一参加人未到庭,又没有材料说明已经通知了案件参加人的,则案件的审理应该推迟。

案件参加人收到开庭时间和地点的通知,但有正当原因不到庭的,法院应推迟案件的审理。

3. 案件的某一参加人收到开庭时间和地点的通知而不到庭,又没有提交不到庭原因的材料,或者法院认定其不到庭的原因不正当的,则法院有权审理案件。公民提出确认其无行为能力申请,而本人又属于应当告知法院审理时间、地点的,如果法院认为其不出庭的理由不正当,可以缺席审理。(联邦法律 06.04.2011 N 67-ФЗ)

4. 被告收到开庭时间和地点的通知而不到庭,又未向法院说明不到庭的正当理由,即使被告未要求缺席审理,法院也有权缺席审理。

5. 双方当事人有权要求法院在其缺席的情况下审理案件,而向其送达判决的副本。

6. 案件参加人的代理人因正当理由无法出庭时,法院有权根据案件参加人的申请推迟案件的审理。

第 168 条 证人、鉴定人、专家、翻译人员不到庭的后果(Последствия неявки в судебное заседание свидетелей, экспертов, специалистов, переводчиков)

1. 证人、鉴定人、专家、翻译人员不到庭,法院应听取案件参加人的意见,有无可能在证人、鉴定人、专家、翻译人员不出庭的情况下审理案件,并作出继续审理案件或延期审理案件的裁定。

2. 法院认为被传唤的证人、鉴定人、专家、翻译人员无正当理由未到庭的,可以处以 1000 卢布以下的罚金。证人无正当理由再次不到庭的,可以拘传。(联邦法律 11.06.2008 N 85-ФЗ)

第 169 条 延期审理案件(Отложение разбирательства дела)

1. 在本法典规定的情况下以及法庭认为由于某一诉讼参加人不到庭、已经提出反诉、必须提交或调取补充证据、追加其他人到案、实施其他诉讼行为、利用包括视频会议系统技术手段开庭审理时出现技术故障而不能审理案件时,允许延期审理案件。双方当事人自愿达成调停协议的,允许法院延期审理案件,但延期不得超过 2 个月。(联邦法律 27.07.2010 N 194-ФЗ、联邦法律 26.04.2013 N 66-ФЗ)

1.1 法院审理请求归还非法迁入或滞留俄罗斯的未成年孩子的案件

中,收到俄罗斯联邦为保障履行签署的国际条约所承担义务而在俄罗斯联邦设立的机关发来的国际条约中规定的年龄不适用于该孩子的通告时,应当延期 30 日审理有关孩子争议的案件。(联邦法律 05.05.2014 N 126-Ф3)

2. 延期审理案件时,应考虑传唤诉讼参加人或调取证据所需要的时间,确定再次开庭审理案件的日期并向所有到庭人员宣布,并由他们出具已经听到有关宣布的证明。还应将重新开庭的时间和地点通知未到庭的人员和需要追加到案的人员。

3. 案件延期审理后审理重新开始。

4. 如果双方当事人不坚持重复所有诉讼参加人的陈述,了解案件材料,包括已经了解诉讼参加人以前所做的陈述,法庭组成人员也没有变更,则法院有权向诉讼参加人提供机会,证实以前所做的解释而无须再次进行解释,以及让他们补充解释,提出补充问题。

第 170 条 在延期审理案件时询问证人(Допрос свидетелей при отложении разбирательства дела)

案件延期审理时,如果双方当事人已经到庭,法院有权询问已经到庭的证人。只有在必要时才允许重新开庭时再次传唤这些证人。

第 171 条 向鉴定人和专家告知权利义务(Разъяснение эксперту и специалисту их прав и обязанностей)

审判长应向鉴定人和专家告知权利和义务,并警告鉴定人故意提供虚假鉴定的刑事责任。对此应由鉴定人具结保证,其具结保证应纳入审判笔录。

第 172 条 开始案件实体审理(Начало рассмотрения дела по существу)

开始案件实体审理时,首先由审判长或一位法官作报告。然后审判长应查明,原告是否坚持自己的诉讼请求,被告是否承认原告的诉讼请求,双方当事人是否希望以签订和解协议的方式终止案件或调解结案。(联邦法律 27.07.2010 N 194-Ф3)

第 173 条 原告放弃诉讼请求、被告承认诉讼请求、当事人和解(Отказ истца от иска, признание иска ответчиком и мировое соглашение сторон)

1. 原告放弃诉讼请求、被告承认诉讼请求以及双方当事人和解的条件,均应记入审判笔录,并分别由原告、被告或双方当事人签字。如果原告放弃诉讼请求、被告承认诉讼请求或双方当事人和解是以书面形式向法院提交的,这些申请应归入案卷,对此应在审判笔录中进行说明。

2. 法庭应向原告、被告或双方当事人说明原告放弃诉讼请求、被告承认诉讼请求或双方当事人和解的后果。

3. 在原告放弃诉讼请求而法院接受这种放弃,或者法院批准和解时,法院应作出裁定,同时终止案件的诉讼。法院裁定应指出法院已经批准的和解协议的条件。如果被告承认诉讼请求而法院接受这种承认,则应作出支持原告诉讼请求的判决。

4. 法院不接受原告放弃诉讼请求、不接受被告承认诉讼请求或者不批准双方当事人和解时,应作出裁定并对案件继续进行实体审理。

第 174 条 案件参加人的陈述（Объяснения лиц, участвующих в деле）

1. 在报告案件后,法庭听取原告和参加原告一方诉讼的第三人、被告和参加被告一方诉讼的第三人陈述,然后听取案件其他参加人的陈述。如果检察长、国家机关、地方自治机关、组织的代表以及公民请求法院维护他人的权利和合法利益,则由他们首先进行陈述。案件参加人有权相互提问。法官有权在案件参加人陈述的任何时候向案件参加人提问。

2. 案件参加人不出庭,以及在本法典第 62 条和第 64 条规定的情况下,应由审判长宣读案件参加人的书面陈述。

第 175 条 确定审查证据的顺序（Установление последовательности исследования доказательств）

法庭在听取案件参加人的陈述后,考虑案件参加人的意见,确定审查证据的先后顺序。

第 176 条 警告证人拒绝作证和作虚假证言的责任（Предупреждение свидетеля об ответственности за отказ от дачи показаний и за дачу заведомо ложных показаний）

1. 在询问证人前,审判长应确定证人的身份,告知证人的权利和义务,告知其拒绝作证或作虚假证言的刑事责任。证人须就已经向其说明义务和责任具结。具结应纳入审判庭笔录。

2. 证人不满 16 岁的,审判长告知证人如实作证的义务,但不得警告拒绝作证或虚假作证的责任。

第 177 条 询问证人的程序（Порядок допроса свидетеля）

1. 每个证人应单独询问。询问证人可以运用视频会议系统。法院利用视频会议系统询问证人对民事案件进行实体审理时,应当遵守本法典规定的普遍规则,特别是本法典第 155.1 条规定。(联邦法律 26.04.2013 N 66-ФЗ)

2. 审判长应查明证人与案件参加人的关系,并要求证人向法院陈述本人所知悉的案情。

3. 之后可以向证人提问。第一个向证人提问的是请求传唤该证人的人及其代理人,然后才是案件其他参加人及其代理人。法官有权在询问的任何时候向证人提问。

4. 法院认为必要时可以在同一审判中或下一次审判中再次询问证人,以及为了查明证人陈述中的矛盾而再次询问证人。

5. 被询问的证人留在审判庭,直至案件审理终结,但法庭准许提前离开的情形除外。

第 178 条 证人使用书面材料(Использование свидетелем письменных материалов)

证人陈述时,如果陈述涉及某些数字材料或其他难于记忆的材料,可以使用书面材料。这些材料应提交给法庭和案件参加人,并可以根据法院裁定归入案卷。

第 179 条 询问未成年证人(Допрос несовершеннолетнего свидетеля)

1. 询问不满 14 岁的证人及根据法庭的裁量在询问年满 14 岁不满 16 岁的证人时,应传唤教育工作者到庭,必要时还应传唤未成年证人的父母、收养人、监护人或保护人。上述人经审判长的批准可以向证人提问,阐述自己对证人个人情况及对证人所作证言的意见。

2. 在特殊情况下,出于查明案情之必需,在询问未成年证人时,可以根据法庭的裁定责令案件某一参加人或旁听的公民退出审判庭。案件参加人回到审判庭后,可以将未成年证人证言的内容告知,同时还要让他有可能向证人提问。

3. 不满 16 岁的证人,在询问结束后退出审判庭,但法庭认为该证人有必要留在审判庭的情况除外。

第 180 条 宣读证人的证言(Оглашение показаний свидетелей)

在本法典第 62 条、第 64 条、第 70 条第 1 款和第 170 条规定的情况下取得的证人证言,应在审判庭宣读,然后案件参加人有权对证人证言进行解释。

第 181 条 书证的审查(Исследование письменных доказательств)

书证或在本法典第 62 条、第 64 条、第 150 条第 1 款第 10 项规定的情况下制作的勘验笔录,应在审判庭宣读,并出示给案件参加人、代理人,必要时还要出示给证人、鉴定人、专家。此后案件参加人可以进行解释。

第 182 条 宣读和审查公民的通信和电话(Оглашение и исследование переписки и телеграфных сообщений граждан)

为了保护通信和电话秘密,公民的通信和电话只有经过通信人和通话人本人的同意才可以在公开的审判庭上宣读和审查;未经通信人和通话人本人的同意,应在不公开的审判庭宣读和审查。

第 183 条 物证的审查(Исследование вещественных доказательств)

1. 物证由法庭勘验并向案件参加人、代理人出示,必要时还要向证人、鉴定人、专家出示。被出示物证的人可以提请法庭注意与勘验有关的情况。这些情况应记入审判笔录。

2. 物证现场勘验笔录应在审判庭宣读,之后案件参加人可以进行解释。

第 184 条 现场勘验(Осмотр на месте)

1. 不能或难以送达法庭的书证和物证,应在其所在地或法院指定的其他地点现场勘验和审查。法院应作出现场勘验的裁定。

2. 勘验的时间、地点,应通知参加人,但他们不到场不妨碍勘验的进行。在必要时还可以传唤证人、鉴定人、专家参加。

3. 现场勘验的结果应记入审判笔录。在勘验时制作或检查的计划、图表、图纸、计算、文件复印件,在勘验时制作的录像、书证和物证的照片,以及鉴定结论和专家的书面咨询意见均应附在审判笔录中。

第 185 条 录音或录像的复制和审查(Воспроизведение аудио-или видеозаписи и ее исследование)

1. 如果录音或录像包含私人内容,在复制和审查时应适用本法典第 182 条规定的规则。

2. 录音或录像的复制在审判庭进行或者在有专门设备的处所进行,审判笔录应说明所复制证据来源的特征和复制的时间。此后,法庭听取案件参加人的解释。必要时,录音和录像的复制可以完全或部分再次进行。

3. 为了查明录音或录像中的信息材料,法庭可以聘请专家。必要时法庭可以指定鉴定。

第 186 条 证据伪造的声明(Заявление о подложности доказательства)

如果有人提出证据属于伪造的声明,为了审查该声明,法院可以指定鉴定或建议当事人提交其他证据。

第 187 条 审查鉴定结论、指定补充鉴定或再次鉴定(Исследование заключения эксперта. Назначение дополнительной или повторной экспертизы)

1. 鉴定结论应在审判庭宣读。为了对鉴定结论进行说明和补充,可以向鉴定人提问。第一个提问的是申请进行鉴定的人及其代理人,然后由案件其他参加人及其代理人提问。如果鉴定是根据法院的提议进行的,则第一个向鉴定人提问的是原告及其代理人。法官有权在询问鉴定人的任何时候向鉴定人提问。法院询问鉴定人可以按照本法典第 155.1 条规定的程序通过视频会议系统进行。(联邦法律 26.04.2013 N 66-ФЗ)

2. 鉴定结论在审判庭审查,与其他证据一起由法官进行评价。鉴定结论不具有预决的效力。法庭不同意鉴定结论时,应该在案件判决中或者在指定补充鉴定或再次鉴定的裁定中说明理由。补充鉴定和再次鉴定依照本法典第 87 条规定的程序进行。

第 188 条 专家咨询意见(Консультация специалиста)

1. 在必要情况下,在勘验书证或物证、复制录音或录像、指定鉴定、询问证人、采取证据保全措施时,法院可以聘请专家进行咨询、提供解释和给予直接技术帮助(摄影、制作计划和图表、挑选鉴定样品、对财产进行评估)。

2. 被作为专家传唤的人必须出庭,回答法庭提出的问题,用口头或书面形式提供咨询意见和解释,必要时向法庭提供技术帮助。专家提供咨询意见可以按照本法典第 155.1 条规定的程序通过视频会议系统进行。(联邦法律 26.04.2013 N 66-ФЗ)

3. 专家根据其专业知识向法庭提供口头或书面咨询意见,而不必根据法院裁定进行专门研究。

专家以书面形式提出的咨询意见,在审判庭宣读并归入案卷。专家以口头形式提供的咨询意见,应记入审判笔录。

4. 可以向专家提问,要求对咨询意见进行说明和补充。第一个提问的是申请聘请专家的人及其代理人,然后由案件其他参加人及其代理人提问。如果专家是根据法院的提议聘请的,则第一个提问的是原告及其代理人。法官有权在询问的任何时候向专家提问。

第 189 条 案件实体审理的终结(Окончание рассмотрения дела по

существу)

在审理完所有的证据之后,审判长依照本法典第 45 条第 3 款和第 47 条请参加诉讼的检察长、国家机关的代表或地方自治机关的代表对案件进行总结,查明案件其他参加人、代理人是否希望发言进行补充解释。如果没有这种要求,则审判长宣布案件实体审理终结,并转入法庭辩论。

第 190 条 法庭辩论(Судебные прения)

1. 法庭辩论由案件参加人及其代理人发言。在法庭辩论时,原告、原告的代理人首先发言,然后是被告、被告的代理人发言。

2. 在已经开始的诉讼中对争议标的提出独立诉讼请求的第三人及其代理人在双方当事人及其代理人之后发言。对争议标的未提出独立诉讼请求的第三人及其代理人在法庭辩论中作为原告或被告一方的第三人参加诉讼,分别在原告、被告发言之后发言。

3. 向法院要求维护他人权利和合法利益的检察长、国家机关的代表、地方自治机关的代表、机构的代表以及公民,在法庭辩论中首先发言。

4. 在案件所有参加人及其代理人发言后,可以对发言内容进行辩驳。最后抗辩权永远属于被告及其代理人。

第 191 条 重新对案件进行实体审理(Возобновление рассмотрения дела по существу)

1. 案件实体审理终结后,案件参加人、代理人无权在自己的发言中援引法庭未查明的情况,无权援引未经法庭审查的证据。

2. 法庭在法庭辩论时或法庭辩论后认为必须查明对案件审理有意义的新情况的,可以作出重新对案件进行实体审理的裁定。在案件实体审理终结后,法庭辩论依照一般程序进行。

第 192 条 退入评议室作出判决(Удаление суда для принятия решения)

法庭辩论结束后,法庭退入评议室评议,以便作出判决。对此审判长应向审判庭内所有列席人员宣布。

第 193 条 宣布法院判决(Объявление решения суда)

1. 判决作出并签字后,法官回到审判庭。审判长或独任法官在审判庭宣布法院判决,然后由审判长口头说明法院判决的内容、提出上诉的程序和期限,甚至解释法官的主要意见,向案件参加人说明了解法官主要意见的权利和期限。(联邦法律 21.10.2013 N 272-ФЗ)

2. 审判长只是宣布法院判决的结论部分时,必须说明案件参加人及其代理人了解说明理由的法院判决全文的时间。

3. 治安法官在向案件参加人及其代理人解释法院判决的结论部分时,必须说明案件参加人及其代理人有权要求作出说明理由的判决;如果案件参加人提出此请求,治安法官应向案件参加人及其代理人说明了解说明理由的法院判决全文的时间。(联邦法律 04.03.2013 N 20-ФЗ)

第 16 章　法院判决(РЕШЕНИЕ СУДА)

第 194 条 法院判决的作出(Принятие решения суда)

1. 第一审法院对案件的实体裁判,以俄罗斯联邦的名义和判决的形式作出。

2. 法院判决在评议室作出。进入评议室的只能是独任审判的法官或者合议庭的法官,其他任何人都不允许进入评议室。

3. 法官评议依照本法典第 15 条规定的程序进行。法官不得泄露评议内容。

4. 法院作出判决时,坚持不同意见的法官,应在法院作出判决 5 日内书面阐述不同意见。在阐述不同意见时,不得泄露在评议和做出法院判决时起作用的评议内容、组成合议庭的法官的立场,不得以其他方式泄露评议秘密。法官的不同意见只能针对法院判决。(联邦法律 21.10.2013 N 272-ФЗ)

第 195 条 法院判决的合法性和根据(Законность и обоснованность решения суда)

1. 法院判决应该合法有据。

2. 法院只能以经过审判庭审查过的证据作为判决的根据。

第 196 条 法院判决应解决的问题(Вопросы, разрешаемые при принятии решения суда)

1. 作出法院判决时,法院应对证据进行评价,确定对于案件审理有意义的情况,明确没有确认的情况,双方当事人的法律关系,适用的法律,诉讼请求是否应该支持。

2. 法院认为必须查明对案件审理有意义的新情况,或者必须审查新的证据,应作出恢复法庭审理的裁定。在案件实体审理终结后再进行法庭辩论。

3. 法庭针对原告提出的诉讼请求作出判决。在联邦法律规定的情况下,法院判决可以超过诉讼请求的范围。

第 197 条 法院判决的表述(Изложение решения суда)

1. 法院判决由审判长或一名法官以书面形式进行表述。

2. 法官独任审判时,法院判决由法官签字。在合议庭审理案件时,法院判决由所有法官,包括保留特别意见的法官签字。对法院判决所做的更正,应该由法官签字予以证明。

第 198 条 法院判决的内容(Содержание решения суда)

1. 法院判决包括前言、叙事部分、理由部分和结论部分。

2. 法院判决的前言部分应该指出作出判决的日期和地点、作出判决法院的名称、法庭组成人员、法庭书记员、双方当事人、案件其他参加人、代理人、争议标的或诉讼请求。

3. 法院判决的叙事部分应该说明原告的诉讼请求、被告的答辩和案件其他参加人的解释。

4. 法院判决的理由部分应该指出法院已经确认的案情;法院据以对这些案情作出结论的证据;法院推翻这些或那些证据的理由;法院所依据的法律。

被告承认原告诉讼请求的,在法院判决的理由部分可以仅指出被告承认诉讼请求和法院接受这种承认。

如果由于认定超过诉讼时效和向法院提出请求的时效期属于不正当原因而驳回诉讼请求,则在法院判决的理由部分仅指出法院所确定的该情况。

5. 法院判决的结论部分应该包括法院完全或部分支持或驳回诉讼请求的结论,指出诉讼费用如何分担,对法院判决提出上诉和抗诉的期限和程序。治安法官作出法院判决的结论部分应当包括对法院判决理由提出上诉的期限和程序。(联邦法律 04.03.2013 N 20-ФЗ)

第 199 条 制作说明理由的法院判决书(Составление решения суда)
(联邦法律 04.03.2013 N 20-ФЗ)

1. 法院判决在案件审理后立即作出。已经宣布的结论部分应该由所有法官签字并归入案卷。

2. 说明理由的法院判决书可以推迟到案件审理终结后的 5 日内制作,但判决的结论部分应该在案件审结的审判庭当庭宣布。

3. 治安法官审理的案件可以不制作说明理由的判决书。

4. 案件参加人、代理人可以在下述期限内申请治安法官作出说明理由的法院判决：

（1）案件参加人、代理人参加了法庭审理的，在宣布法院判决之日起3日内提出；

（2）案件参加人、代理人没有参加法庭审理的，在宣布法院判决之日起15日内提出。

5. 案件参加人、代理人请求治安法官制作说明理由的判决的，治安法官在收到申请之日起5日内作出。

第 200 条　判决书笔误和其他明显计算错误的更正（Исправление описок и явных арифметических ошибок в решении суда）

1. 法院宣判后，对案件作出判决的法院无权撤销或变更判决。

2. 法院可以主动或根据案件参加人的请求更正判决书中的笔误或明显的计算错误。更正判决书中错误的问题应在审判庭审议。应将开庭的时间和地点通知案件参加人，案件参加人不到庭不妨碍解决更正判决书中错误的问题。

3. 对法院更正判决书中错误的裁定可以提出复议。

第 201 条　法院补充判决（Дополнительное решение суда）

1. 有下列情形之一的，原判法院可以主动或根据案件参加人的申请作出补充判决：

（1）案件参加人、代理人已经提交证据和作出了陈述，法院却对某一诉讼请求未作出判决；

（2）法院在解决权利问题后，却没有指出所判决的金额、应该交付的财产或者被告必须实施的行为；

（3）法院未解决诉讼费用问题。

2. 作出补充判决的问题，可以在判决生效前提出，法院在审判庭审理上述问题后作出。对补充判决可以提起复议。应将开庭的时间和地点通知案件参加人，但案件参加人不到庭不妨碍作出补充判决。

3. 对法院拒绝作出补充判决的裁定可以提出复议。

第 202 条　法院判决的说明（Разъяснение решения суда）

1. 如果法院的判决不够明确，原判法院有权根据案件参加人、执行司法警察的申请对判决作出说明，而不变更判决书的内容。如果判决尚未执行，而且法院判决可以强制执行的期限未届满，则允许法院对判决进行说明。

2. 对判决进行说明的问题应在审判庭审议。应将开庭的时间和地点通知案件参加人,案件参加人不到庭不妨碍对法院判决说明问题的审议和解决。

3. 对法院判决说明的法院裁定可以提出复议。

第 203 条 法院判决的延期或分期执行法院判决执行方式和程序的变更（Отсрочка или рассрочка исполнения решения суда, изменение способа и порядка исполнения решения суда）

1. 根据案件参加人、执行司法警察的申请,或者根据当事人的财产状况或其他情况,原审法院有权决定法院判决延期执行或分期执行,以及变更执行法院判决的方式和程序。

2. 本条第 1 款所列申请,应在审判庭审理。应将开庭的时间和地点通知案件参加人,案件参加人不到庭不妨碍审理和解决向法院提出的问题。

3. 对法院延期或分期执行判决以及变更法院判决执行方式和程序的裁定,可以提出复议。

第 204 条 确定执行法院判决的程序和期限　判决执行的保全（Определение порядка и срока исполнения решения суда, обеспечения его исполнения）

如果法院规定了执行法院判决的程序和期限,并要求立即执行法院判决或者采取保全判决执行的措施,法院判决的结论部分应做相应的说明。

第 205 条 关于财产或财产价值的法院判决（Решение суда о присуждении имущества или его стоимости）

法院判决以财产实物执行时,如果在执行时不存在所判决的财产,则法院应在判决中指出向被告追索的财产价值。

第 206 条 责成被告为一定行为的法院判决（Решение суда, обязывающее ответчика совершить определенные действия）

1. 法院判决责成被告为与交付财产或金钱无关的行为,可以在该判决中指出。被告不在期限内执行判决,原告有权用被告的费用实施这些行为并向被告追索必要的开支。

2. 如果上述行为只能由被告实施,则法院应该在判决中规定执行判决的期限。责成他所在的组织或委员制机关实施与交付财产或金钱无关的行为(执行法院判决),由上述的该组织的领导人在规定期限内实施。如果无正当理由不在规定期限内执行法院判决,原判法院或执行司法警察应对上述该组织的领导人或委员制机关领导人采取联邦法律规定的措施。

第 207 条 数名原告胜诉的法院判决或数名被告败诉的法院判决（Решение суда в пользу нескольких истцов или против нескольких ответчиков）

1. 当法院作出数名原告胜诉的判决时,法院应指出每个原告所占的份额,或者指出追索权为连带权利。

2. 当法院作出数名被告败诉的判决时,法院应指出每个被告应该执行法院判决的份额,或者被告的责任为连带责任。

第 208 条 按消费价格指数调整所判金额（Индексация присужденных денежных сумм）

1. 根据追索人或债务人的申请,审理案件的法院可以对所判金额按法院判决执行之日的消费价格指数进行调整。

2. 申请在审判庭审议。应将开庭的时间和地点通知案件参加人,但案件参加人不到庭不妨碍所判金额按消费价格指数调整问题的解决。

3. 对法院所判金额按消费价格指数调整的裁定可以提出复议。

第 209 条 法院判决发生法律效力（Вступление в законную силу решений суда）

1. 对法院判决没有提出上诉的,法院判决在上诉期限届满时发生法律效力。

对法院判决提出上诉,原判决未被撤销,法院判决在上诉审法院审理后发生法律效力。上诉审法院判决撤销或变更一审法院判决并作出新判决的,新判决立即发生法律效力。（联邦法律 09.12.2010 N 353-ФЗ）

2. 法院判决生效后,双方当事人、案件其他参加人、权利继受人不得根据相同理由在法院提出相同诉讼请求,也不得在另一民事诉讼中对法院已经确定的事实和法律关系提出争议。

3. 法院判决向被告追索分期付款,而在法院判决生效后情况发生变化,影响到付款数额的确定或付款的时间,则各方当事人均有权通过提起新的诉讼要求变更付款的数额和期限。

第 210 条 法院判决的执行（Исполнение решения суда）

除立即执行的情形外,法院判决在生效后依照联邦法律规定的程序执行。

第 211 条 应该立即执行的法院判决（Решения суда, подлежащие немедленному исполнению）

法院命令和有关以下事项的法院判决应该立即执行:

追索扶养费的判决；

追索 3 个月内工资的判决；

恢复工作的判决；

俄罗斯联邦公民列入选民名单、全民公决参加人名单的判决。

第 212 条 法院作出立即执行判决的权利（Право суда обратить решение к немедленному исполнению）

1. 如果由于特殊情况，延缓执行判决损害追索人的利益或者不可能再执行，则法院可以根据原告的请求允许立即执行判决。在允许立即执行判决时，法院可以要求原告保证在法院判决被撤销时执行回转。立即执行法院判决的问题可在作出判决同时解决。

2. 允许立即执行法院判决的问题在审判庭解决。应将开庭的时间和地点通知案件参加人，但案件参加人不到庭不妨碍立即执行法院判决问题的解决。

3. 对法院立即执行法院判决的裁定可以提出复议。复议不中止该裁定的执行。

第 213 条 法院判决的保全（Обеспечение исполнения решения суда）

法院可以根据本法典第 13 章规定的规则保全非立即执行的法院判决。

第 214 条 寄送法院判决书的副本（Высылка копий решения суда）（联邦法律 31.12.2014 N 505-ФЗ）

1. 自法院判决最后文本通过之日起的 5 日内，法院判决书的副本应寄送给未出庭的案件参加人。

2. 在联邦法律规定的情形下，发生法律效力的法院判决的副本应寄送给其他人。

第 17 章　中止诉讼程序

（ПРИОСТАНОВЛЕНИЕ

ПРОИЗВОДСТВА ПО ДЕЛУ）

第 215 条 法院中止诉讼的义务（Обязанность суда приостановить производство по делу）

有下列情形之一的，法院必须中止诉讼：

作为当事人的公民死亡，或者作为有独立诉讼请求的当事人死亡，而

外国民事诉讼法译丛·俄罗斯民事诉讼法典

第二编　第一审法院的程序

有争议的法律关系允许权利继受;(联邦法律 22.04.2013 N 61-ФЗ)

一方当事人被认定为无行为能力人或者被认定为无行为能力的人没有法定代理人;

被告参加军事行动、在非常状态或战争状态条件下以及在军事冲突条件下执行任务,或者原告参加军事行动、在非常状态或战争状态条件下以及在军事冲突条件下执行任务并提出请求;

正在进行民事诉讼、行政诉讼、刑事诉讼或行政违法案件的另一案件审结之前本案不可能审理;(联邦法律 08.03.2015 N 23-ФЗ)

法院就应该适用的法律是否符合《俄罗斯联邦宪法》向俄罗斯联邦宪法法院提出咨询。

法院受理根据俄罗斯联邦签订的国际条约要求归还非法迁入或滞留俄罗斯的孩子或者实现探视权的案件,收到国际条约规定有权机关关于该孩子年龄不适用国际条约的通告副本。(联邦法律 05.05.2014 N 126-ФЗ)

第 216 条 法院中止诉讼的权利(Право суда приостановить производство по делу)

在下列情况下,法院可以根据案件参加人的申请或者主动中止诉讼:

一方当事人在医疗机构治疗;(联邦法律 05.05.2014 N 126-ФЗ)

正在侦查被告和(或)孩子;

法院指定鉴定;

在收养案件和其他涉及子女权利和合法利益的案件中,监护和保护机关指定对收养人的生活条件进行调查;

法院依照本法典第 62 条发出法院委托;

作为当事人或有独立请求的第三人的法人发生变更。(联邦法律 22.04.2013 N 61-ФЗ)

第 217 条 中止诉讼的期限(Сроки приостановления производства по делу)

中止诉讼的期限为:

在本法典第 215 条第 2 段和第 3 段规定的情况下——直至确定案件参加人的权利继受人或指定无行为能力人的法定代理人为止。

在本法典第 215 条第 4 段规定的情况下——直至排除中止案件诉讼理由的情况为止。

在本法典第 215 条第 5 段规定的情况下——直至法院裁判、法院民事判决、刑事判决、法院裁定发生法律效力为止或者直至行政违法案件作

出裁决为止。(联邦法律 08.03.2015 N 23-ФЗ)

在本法典第 215 条第 6 段规定的情况下——直至俄罗斯联邦宪法法院作出相应裁判时为止。

在本法典第 215 条第 7 段规定的情形下——直到法院判决生效为止;或法院裁定终止案件为止;或根据本法典第 215 条第 7 段规定,法院裁定搁置案件不予以审理为止,或法院根据俄罗斯联邦签署的国际条约判决归还非法迁入、滞留俄罗斯联邦的孩子或实现孩子探视权为止。(联邦法律 05.05.2014 N 126-ФЗ)

在本法典第 216 条第 7 段规定的情形下——直至参加案件的权利继受人裁定作出。(联邦法律 22.04.2013 N 61-ФЗ)

第 218 条 对法院中止诉讼裁定的复议(Обжалование определения суда о приостановлении производства по делу)

对法院中止诉讼的裁定可以提出复议。

第 219 条 诉讼的恢复(Возобновление производства по делу)

在排除致使案件中止的情况后,根据案件参加人的申请或由法院主动恢复诉讼。法院应将恢复诉讼的情况通知案件参加人。

第 18 章 诉讼终止(ПРЕКРАЩЕНИЕ ПРОИЗВОДСТВА ПО ДЕЛУ)

第 220 条 诉讼终止的理由(Основания прекращения производства по делу)

有下列情形之一时,法院终止诉讼:

案件因本法典第 134 条第 1 款第 1 项规定的理由不应该依照民事诉讼程序在法院进行审理和解决。

就相同当事人、相同标的和相同理由的争议已经存在法院判决并且判决已经发生法律效力,或者法院由于原告放弃诉讼请求或批准双方和解协议而作出了终止案件诉讼的裁定。

原告放弃诉讼请求,而且这种放弃已经被法院接受。

双方达成和解协议,而且和解协议已经被法院批准。

就相同当事人、相同标的和相同理由的争议仲裁庭已经作出裁决,而且该裁决对双方当事人均具有强制力。但法院拒绝发出仲裁庭裁决强制执行命令的情况除外。

作为案件一方当事人的公民死亡后,有争议的法律关系不允许权利继受或作为案件一方当事人的组织已经清算完毕。

第 221 条 诉讼终止的根据和后果（Порядок и последствия прекращения производства по делу）

法院应作出诉讼终止裁定。裁定中应指出,相同当事人、相同标的和相同理由的争议不得再次向法院提起诉讼。

第 19 章　对诉讼申请不予审理(ОСТАВЛЕНИЕ ЗАЯВЛЕНИЯ БЕЗ РАССМОТРЕНИЯ)

第 222 条 对诉讼申请不予审理的理由（Основания для оставления заявления без рассмотрения）

有下列情形之一的,法院不予审理:

原告未遵守联邦法律对该类案件规定的或双方合同约定的争议庭外调解程序;

诉讼申请是由无行为能力人提起的,但该无行为能力人申请确认其行为能力、请求恢复确认行为能力案件期限的除外;（联邦法律 06.04.2011 N 67-ФЗ）

诉讼申请的签字人或提起人不具有签字或提起诉讼权限;

相同当事人、相同请求和相同理由的争议正在该法院、另一法院或仲裁法院进行诉讼;

双方之间存在将争议提交仲裁庭审理和解决的协议,任何一方在法院第一次实质审理前提出反对法院主管的,甚至在法院做出终止本案实质审理前一直反对法院主管的,但法院查明上述仲裁协议不真实、无效或不可能执行的除外;

双方当事人未请求缺席审理但经第二次传唤仍不到庭;

原告未请求案件缺席审理但经第二次传唤仍不到庭,被告不要求对案件实体审理的。

第 223 条 不予审理的程序和后果（Порядок и последствия оставления заявления без рассмотрения）

1. 在对诉讼申请不予审理时,由法院作出裁定,从而终结案件的诉讼。在该裁定中,法院必须指出,如何排除本法典第 222 条所列妨碍案件审理的情况。

2. 在排除导致案件不予审理的理由后,利害关系人有权依照一般程序再次向法院提起诉讼。

3. 如果原告或被告提交证据,证明不到庭的原因实属正当并且没有可能将原因通知法院,则法院根据原告或被告的申请撤销依照本法典第222条第7段和第8段所规定的理由对诉讼申请不予审理的裁定。对法院拒绝支持该申请的裁定可以提出复议。

第 20 章 法院裁定(ОПРЕДЕЛЕНИЕ СУДА)

第 224 条 法院裁定的程序(Порядок вынесения определений суда)

1. 第一审法院对案件不进行实体审理的裁判,以裁定的形式作出。法院裁定依照本法典第15条第1款规定的程序在评议室作出。

2. 在解决不复杂问题时,法院或法官可以不退入评议室即作出裁定。这样的裁定应记入审判笔录。

3. 法院裁定在作出后立即当庭宣读。

第 225 条 法院裁定的内容(Содержание определения суда)

1. 法院裁定应该载明:

(1)作出裁定的日期和地点;

(2)作出裁定的法院名称、法庭组成人员和审判庭书记员;

(3)案件参加人、争议标的或所提出的请求;

(4)裁定的问题;

(5)法院结论的理由和法庭遵循的法律条文;

(6)裁定主文;

(7)对可以提出复议的法院裁定提出复议的程序和期限。

2. 审判庭未退入评议室所作出的裁定,应该包含本条第1款第4项至第6项所列各项内容。

第 226 条 法院的单行裁定(Частные определения суда)

1. 法院发现违反法制的情况,有权作出单行裁定并将裁定送交有关组织或有关公职人员。有关组织和公职人员必须在1个月内将自己采取的措施通知法院。

2. 如果不将采取的措施通知法院,法院可以对有过错的公职人员处1000卢布以下的罚款。科处罚款不免除有关公职人员将根据法院单行裁定所采取的措施通知法院的义务。(联邦法律 11.06.2008 N 85-ФЗ)

3. 法院在审理案件中发现当事人、其他诉讼参加人、公职人员或其他人员的行为构成犯罪的,法院应将此情况报告调查机关或侦查机关。

第 227 条 向案件参加人寄送法院裁定书的副本(Высылка лицам, участвующим в деле, копий определения суда)

案件参加人没有出庭的,法院应在作出裁定之日起 3 日内将中止或终止诉讼的裁定副本、对诉状不予审理的裁定副本,寄送给案件参加人。

第 21 章　笔录(ПРОТОКОЛЫ)

第 228 条 必须制作笔录(Обязательность ведения протокола)

第一审法院审判庭每次开庭,以及在审判庭外实施诉讼行为时,均必须制作笔录。

第 229 条 笔录的内容(Содержание протокола)

1. 审判庭笔录或审判庭外实施诉讼行为的笔录,应该反映案件审理或实施诉讼行为的全部重要情况。

2. 审判庭笔录应该载明:

(1)法庭审理的日期和地点;

(2)审判庭开庭和闭庭的时间;

(3)审理案件的法院的名称、法庭组成人员和审判庭书记员;

(4)案件的名称;

(5)案件参加人、代理人、证人、鉴定人、专家、翻译人员到庭的情况;

(6)向案件参加人、代理人、证人、鉴定人、专家、翻译人员说明其诉讼权利和义务的情况;

(7)审判长的指令和法院在审判庭作出的裁定;

(8)案件参加人及其代理人的申请和解释;

(9)证人的陈述、鉴定人对鉴定结论的说明和专家的咨询意见和说明;

(10)宣读书证的情况,勘验物证和播放录音、录像的情况;

(11)检察长和国家机关代表、地方自治机关代表的结论;

(12)法庭辩论的内容;

(13)宣读和说明法院判决和法院裁定的情况,说明对法院判决和裁定提出复议的程序的期限的情况;

(14)向案件参加人说明其了解笔录和对笔录提出意见的权利的

情况；

（14.1）审判庭运用录音、录像、视频会议系统和（或）其他科技手段的情况；（联邦法院 26.04.2013 N 66-ФЗ）

（15）制作笔录的日期。

3. 治安法官审理的案件，案件参加人及其代理人要求做出法院附具理由的判决的请求应在法庭审理笔录中补充载明。（联邦法院 04.03.2013 N 20-ФЗ）

第 230 条 笔录的制作（Составление протокола）

1. 笔录由法庭书记员在审判庭或在审判庭外实施诉讼行为时制作。笔录以书面形式制作。为了保证笔录制作的完整，法院可以使用速记、录音和其他技术手段。

笔录中应说明法庭书记员使用录音和其他技术手段记录审判过程的情况，录音载体应附在审判笔录中。

2. 案件参加人、代理人有权申请宣读某一部分的笔录，有权申请将认为对案件有重大意义的情况记入笔录。

3. 审判笔录应该在审判庭闭庭后的 3 日内制作和签字，诉讼行为的笔录应该在行为实施后的 2 日内制作和签字。

4. 审判庭笔录由审判长和法庭书记员签字。所有对笔录的修改、补充、更正均应做附带说明，并由审判长和法庭书记员签字证明。

第 231 条 对笔录的意见（Замечания на протокол）

案件参加人、代理人有权了解笔录，并在笔录签字之日起 5 日内以书面形式对笔录提出意见，指出笔录的不准确和（或）不完整。

第 232 条 对笔录意见的审查（Рассмотрение замечаний на протокол）

1. 对笔录的意见应由在笔录上签字的法官，即审判长审查，审判长如果同意该意见，则对其正确性加以认证；如果不同意，则作出说明理由的裁定，完全或部分驳回意见。意见在任何情况下均应归入案卷。

2. 对笔录的意见应该在提出之日起 5 日内审查。

第 21.1 章 简易程序（УПРОЩЕННОЕ ПРОИЗВОДСТВО）（联邦法律 02.03.2016 N 45-ФЗ）

第 232.1 条 简易程序（Порядок упрощенного производства）

适用简易程序审理案件的法院，应当遵守本法典规定的一般规则和本章规定的特别规则。

适用简易程序审理涉外案件时,如果本章没有另行规定的,适用本法典第五编确定的特别规则。

第 232.2 条 适用简易程序审理的案件(Дела, рассматриваемые в порядке упрощенного производства)

1. 审理以下案件适用简易程序:

1)追索金钱或索取财产价值不超过 10 万卢布的案件,依命令程序审理的案件除外(本法第 122 条和第 125 条第 3 款);

2)追索所有权价值不超过 10 万卢布的案件;

3)根据原告提交的材料,确认被告承认但未自觉履行的金钱给付案件和(或)根据双方协议确认但被告未自觉履行的追索金钱的案件,依命令程序审理的案件除外;

4)在一方当事人申请、另一方当事人同意或者双方当事人均同意的情况下,法院可以在案件准备阶段裁定对不具有本条第 4 款所列情形的案件适用简易程序审理。

2. 不适用简易程序的案件:

1)行政法律关系案件;

2)涉及国家秘密的案件;

3)涉及儿童权利的案件;

4)特殊程序案件。

3. 法院裁定适用普通诉讼程序审理案件:适用简易程序审理案件过程中发现案件不属于适用简易程序的,法院同意第三人参加诉讼的,法院接受反诉但反诉无法适用本章确定的程序审理的,或者法院根据一方当事人申请认为:

1)必须补充陈述或补充收集证据,对证据进行实地检查和勘验,委托鉴定或听取证人证言的;

2)向其他人或本案提出的诉讼请求有可能违法或侵害他人合法利益的。

4. 裁定适用普通诉讼程序审理案件,应当指出案件参加人需要进行的诉讼行为,完成这些行为的期限。裁定作出后案件审理从头开始,但必须补充陈述或补充收集证据,对证据进行实地检查和勘验,委托鉴定或听取证人证言的案件除外。

5. 如果几个诉讼请求中有一项具有财产性质且符合本条第 1 款规

定,而另外的请求不具有财产性质,则法院根据本法典第 151 条第 2 款的规定,一律按照简易程序合并进行审理。

第 232.3 条 适用简易程序审理案件的特殊性（Особенности рассмотрения дел в порядке упрощенного производства）

1. 根据本法第 232.2 条第 1 款确定的案件以及据此提出的申请应当由依据本法典一般程序确定的法院管辖。

2. 法院应当受理并作出适用简易程序审理案件的裁定或者将案件移送适用简易程序审理的裁定。法院还应裁定当事人在裁定作出之日起 15 日内向审理案件的法院提交报告、交换证据以及提出反驳。法院在裁定中可以建议当事人自行和解,指出可以采取的措施。

3. 在本条第 2 款所列裁定中,法院可以确定当事人向法院提交有利于自己实质性要求和反驳的补充证据、补充证明材料的期限,提交补充证据、补充证明材料的期限自裁定作出之日起不少于 30 日。没有在本条第 2 款所指期限内提交的证明材料不得援引为证据。提交证据的最后期限与提交补充证据、补充证明材料的最后期限之间不得少于 15 日。

4. 对于在法院作出判决之前但超过法院确定的期限提交的证据和其他的证明材料,法院仅在认为逾期提交证据和其他证明材料有正当理由时才予以接受。

5. 法院适用简易程序审理案件时,在法院根据本条第 3 款规定的期限届满后无须传唤当事人出庭。法院根据当事人在预先材料中的陈述、案件参加人的反驳和（或）理由,并根据在确定期限内提出的证据作出判决。

6. 适用简易程序审理的案件不适用庭审笔录规则和延期审理规则。适用简易程序审理的案件,不进行法庭审理的预备庭审。

第 232.4 条 适用简易程序审理的案件的法院判决（Решение суда по делу, рассматриваемому в порядке упрощенного производства）

1. 适用简易程序审理案件的法院判决可仅作出结论部分,判决的副本应于不迟于判决作出的次日发送给案件参加人,并在法院国际互联网官网上挂出。

2. 法院可以根据案件参加人及其代理人的申请,或者上诉、抗诉的要求对适用简易程序审理的案件作出附具理由的判决。

3. 制作附具理由的法院判决申请,可以在适用简易程序审理的案件法院判决结论部分签字之日起 5 日内提出。如果本法没有特别规定的,此时应遵守本法第 16 章确定的规则作出判决。

4. 案件参加人及其代理申请或提出上诉的,法院应在 5 日内制作附具理由的法院判决。

5. 适用简易程序审理案件的判决,如果不上诉、抗诉的,在判决作出后 15 日生效。

6. 法院作出附具理由的判决自本条第 8 款确定的提出上诉的期限届满生效。

7. 对判决提出上诉时,如果判决未被撤销或未被改判,则于上诉审法院作出裁定之日起生效。

8. 适用简易程序审理的案件的判决,可以在判决作出后 15 日内上诉。如果法院根据案件参加人及其代理人的申请作出附具理由的法院判决,则此判决书一经作出即为文本的最终形式。

第 22 章 缺席审判(ЗАОЧНОЕ ПРОИЗВОДСТВО)

第 233 条 缺席审判的理由(Основания для заочного производства)

1. 被告收到开庭时间和地点的通知而不到庭,不说明不到庭的正当原因,又未请求在其缺席的情况下审理,则案件可以按照缺席审判程序审理。法院应作出缺席审判裁定。

2. 案件有数名被告时,只有在所有被告均未到庭时案件才能按照缺席审判程序进行审理。

3. 到庭的原告不同意在被告不到庭的情况下按照缺席审理程序进行审理,则法院应推迟案件的审理,并将重新开庭的时间和地点通知被告。

4. 原告变更诉讼标的或诉讼理由、增加诉讼请求数额的,法院无权按照缺席审判程序在该审判庭审理案件。

第 234 条 缺席审判的程序(Порядок заочного производства)

在按照缺席审判程序审理案件时,法院应按一般程序开庭,审查案件参加人提交的证据,考虑他们的意见并作出判决。这种判决称为缺席判决。

第 235 条 法院缺席判决的内容(Содержание заочного решения суда)

1. 法院缺席判决的内容依本法典第 198 条的规则。

2. 在法院缺席判决的结论部分应该说明提出要求撤销该判决的申

请的程序和期限。

第 236 条 法院缺席判决书副本的寄送（Высылка копии заочного решения суда）

1. 法院缺席判决书的副本应在作出判决之日起 3 日内连同送达通知一并寄送给被告。

2. 原告未出庭而要求法院在其缺席的情况下审理案件,则缺席判决书的副本应在作出判决之日起的 3 日内连同送达通知一并寄送给原告。

第 237 条 对缺席判决的上诉（Обжалование заочного решения суда）

1. 被告有权在送达缺席判决之日起的 7 日内向作出缺席判决的法院递交撤销该判决的申请。

2. 对法院的缺席判决,双方当事人也可以在被告递交要求撤销缺席判决申请期限届满之日起 1 个月内通过上诉程序提出上诉。如果被告已经提出要求撤销缺席判决的申请,则上诉可以在法院作出驳回或支持上述申请之日起 1 个月内提出。（联邦法律 09.12.2010 N 353-ФЗ）

第 238 条 要求撤销法院缺席判决申请书的内容（Содержание заявления об отмене заочного решения суда）

1. 要求撤销法院缺席判决申请书的内容:

（1）作出缺席判决的法院的名称;

（2）申请人的姓名（名称）;

（3）证明被告未到庭和无法及时通知法院正当理由的情况,证明这些情况的证据,可能影响法院判决内容的情况和证据;

（4）申请人的请求;

（5）所附材料的清单。

2. 要求撤销法院缺席判决的申请书应由被告签字,或者在其代理人有权签字时由其代理人签字,申请书连同按案件参加人人数制作的副本一并送交法院。

3. 要求撤销法院缺席判决的申请免交国家规费。

第 239 条 法院在受理要求撤销缺席判决申请后的行为（Действия суда после принятия заявления об отмене заочного решения суда）

法院应将审理要求撤销法院缺席判决的申请的时间和地点通知案件参加人,向案件参加人送交申请书的副本和所附材料的复印件。

第 240 条 要求撤销缺席判决申请的审理（Рассмотрение заявления об отмене заочного решения суда）

对要求撤销缺席判决的申请,法院应在收到申请之日起 10 日内开庭审理。案件参加人收到开庭时间和地点的通知而不到庭,不妨碍申请的审理。

第 241 条 法院的权限(Полномочия суда)

法院在审理要求撤销法院缺席判决的申请后,作出驳回或支持申请的裁定,或作出撤销法院缺席判决并将由组成人员相同或组成人员不同的法庭对案件重新进行实体审理的裁定。

第 242 条 撤销法院缺席判决的根据(Основания для отмены заочного решения суда)

法院确定被告不到庭系出于正当原因,而又无法将原因及时通知法院,被告提出了可能影响判决内容的情况和证据,则法院缺席判决应该予以撤销。

第 243 条 案件重新审理(Возобновление рассмотрения дела)

法院缺席判决被撤销的,法院应重新对案件进行实体审理。如果以适当方式将开庭的时间和地点通知了被告,而被告仍不到庭,则重新审理作出的法院判决不属于缺席判决。被告无权再次递交要求按照缺席审判程序审理该判决。

第 244 条 法院缺席判决的法律效力(Законная сила заочного решения суда)

法院缺席判决在本法典第 237 条规定的上诉期届满后发生法律效力。

第 22.1 章　请求对违反审判期限和执行法院裁判期限审理的程序(ПРОИЗВОДСТВО ПО РАССМОТРЕНИЮЗАЯВЛЕНИЙ О ПРИСУЖДЕНИИ КОМПЕНСАЦИИ ЗА НАРУШЕНИЕ ПРАВАНА СУДОПРОИЗВОДСТВО В РАЗУМНЫЙ СРОК ИЛИ ПРАВА НА ИСПОЛНЕНИЕСУДЕБНОГО ПОСТАНОВЛЕНИЯ В РАЗУМНЫЙ СРОКУтратила силу)

此章原内容根据联邦法律 08.03.2015 2015 N 23-ФЗ 自 2015 年 9 月 15 日起失效。

第22.2章 根据俄罗斯联邦签署的国际条约要求归还孩子或实现孩子探视权的程序(ПРОИЗВОДСТВО ПО РАССМОТРЕНИЮ ЗАЯВЛЕНИЙО ВОЗВРАЩЕНИИ РЕБЕНКА ИЛИ ОБ ОСУЩЕСТВЛЕНИИ В ОТНОШЕНИИРЕБЕНКА ПРАВ ДОСТУПА НА ОСНОВАНИИ МЕЖДУНАРОДНОГОДОГОВОРА РОССИЙСКОЙ ФЕДЕРАЦИИ)

(联邦法律 05.05.2014 N 126-ФЗ)

第 244.11 条 根据俄罗斯联邦签署的国际条约请求归还孩子或实现探视权申请的提出（Подача заявления о возвращении ребенка или об осуществлении в отношении ребенка прав доступа на основании международного договора Российской Федерации）

1. 根据俄罗斯联邦签署的国际条约,请求归还被非法带入俄罗斯或滞留在俄罗斯的孩子或实现探视权(下称归还孩子或实现探视权)的申请,由其父母或认为自己监护权或探视权受到侵害的人向法院提出,也可以由检察长向法院提出。

2. 孩子在联邦中央区的,请求归还孩子或实现探视权的申请向莫斯科市的特维尔斯基区法院提出;孩子在联邦西北区的,向圣彼得堡市的捷尔任斯基区法院提出;孩子在联邦南部区的,向顿河—罗斯托夫市的五一区法院提出;孩子在北高加索区的,向比季戈尔斯基市法院提出;孩子在伏尔加沿岸区的,向下诺夫哥罗德市的卡纳维斯基区法院提出;孩子在乌拉尔区的,向叶卡捷琳堡市的热列兹诺多罗任斯基区法院提出;孩子在西伯利亚区的,向西伯利亚市的中心区法院提出;孩子在远东区的,向哈巴罗夫斯克市的中心区法院提出;孩子在克里木州的,向辛菲罗波尔市的中心区法院提出。(联邦法律 23.06.2014 N 154-ФЗ)

3. 孩子在俄罗斯联邦境内所在地不明的,请求归还孩子或实现探视权的申请依照该孩子在俄罗斯联邦境内最后已知地或俄罗斯联邦境内申请人最后所知地向本条第2款规定的法院提出。

4. 孩子所在地发生变化的,由接受归还孩子或实施探视权申请的法院依照本条规定的审理规则审查。

5. 归还孩子或实施探视权申请中应当说明提出相应要求所依据的

俄罗斯联邦签署的国际条约。

第244.12条 请求归还孩子或实现探视权申请的审理程序（Порядок рассмотрения заявлений о возвращении ребенка или об осуществлении прав доступа）

请求归还孩子或实施探视权申请的审理和判决，按照俄罗斯联邦签订的国际条约和本章规定的一般诉讼规则进行。

第244.13条 诉讼保全（Обеспечение иска）

在必要情况下，根据本法典第13章规定的诉讼保全措施，法官可以禁止被告在归还孩子或者实现探视权的判决生效前归还孩子或者为实现探视权变更孩子所在地，临时限制孩子离开俄罗斯联邦。

第244.14条 不允许合并诉讼请求和反诉（Недопустимость соединения исковых требований и предъявления встречного иска）

数个诉讼请求合并的例外是原告要求归还两个或两个以上非法进入或滞留俄罗斯联邦的孩子；或者根据俄罗斯联邦签署的国际条约实现两个或两个以上孩子探视权。对归还孩子或实现探视权的案件不得提出反诉。

第244.15条 请求归还孩子或实现探视权申请的审理（Рассмотрение заявления о возвращении ребенка или об осуществлении прав доступа）

1. 审理归还孩子或实现探视权申请，检察官、监护机关和保护机关必须参加。

2. 审理归还孩子或实现探视权申请，由法院在收到申请之日起2日内审，包括法庭审理的准备和制作说明理由的判决书。

第244.16条 请求归还孩子或实现探视权案件的法院判决（Решение суда по делу о возвращении ребенка или об осуществлении прав доступа）

1. 根据俄罗斯联邦签订的国际条约，对于要求归还非法进入或滞留俄罗斯的孩子案件的法院判决，必须符合本法典第16章的要求和俄罗斯联邦签署的国际条约，包括有归还孩子至其常住国的内容，归还孩子的程序，符合俄罗斯联邦签署的国际条约和法院开支负担的规定，以及因归还孩子或拒绝归还孩子而产生的费用负担的内容。

2. 对于实现非法迁入或滞留俄罗斯孩子探视权案件的法院判决，必须符合本法典第16章的要求，包括有原告行使探视权的内容，保障原告行使探视权的措施，以及符合俄罗斯联邦签署的国际条约和法院开支的分担，因探视孩子或拒绝探视孩子而产生的费用负担的内容。

第 244.17 条 对法院归还孩子或实现探视权判决提出上诉、抗诉的期限和法院审理上诉的期限（Срок подачи апелляционных жалобы，представления на решениесуда по делу о возвращении ребенка или об осуществлении прав доступа и срок рассмотрения дела в суде апелляционной инстанции）

1. 对法院归还孩子或实现探视权判决提出上诉、抗诉的期限为 10 日，自法院根据本法典第 39 章规定作出最终形式的判决之日起算。

2. 法院受理归还孩子或实现探视权上诉案件后，审理期限不超过 1 个月，期限自根据本法典第 39 章规定受理该上诉、抗诉案件之日起算。

第 244.18 条 对第一审法院归还孩子或实现探视权裁定提起上诉或检察长抗诉的期限和审理期限（Срок подачи и рассмотрения частной жалобы，представления прокурора на определение суда первой инстанции по заявлению о возвращении ребенка или об осуществлении прав доступа）

1. 当事人和案件其他参加人可以自一审法院根据本法典第 39 章规定作出裁定之日起 10 日内对归还孩子或实现探视权的裁定提出上诉，检察长可以提出抗诉。

2. 本条第 1 款所列上诉、抗诉应从根据本法典第 39 章规定的案件移到上诉审理法院之日起 10 日内审结。

第 244.19 条 法院裁判副本的发送（Высылка копий судебных постановлений）

1. 法院裁判的副本（拒绝受理的、发还的、搁置请求，归还孩子或实现探视权的申请的搁置请求归还婴或实现探视权不予审理的、裁定中断、恢复或终止案件的）以及上诉审法院裁定的副本（对一审法院的上诉或抗诉）在作出相应裁定的第三天发送俄罗斯联邦为履行国际条约而设立的中心机关（下称中心机关），还发送知悉该案件并作出过裁定的法院。

2. 本法典第 134 条第 2 款、第 135 条第 2 款和第 136 条第 1 款所列的法院裁判的副本（请求归还小孩或实现探视权）发给申请人，或在作出相应裁定后次日寄送申请人。

3. 本法典第 227 条所列的法院裁判的副本（请求归还小孩或实现小孩探视权）发给案件参加人，如果他们未出庭，则在作出相应裁判的次日寄送。

4. 法院对返还孩子或实现探视权案件的裁判的副本应不迟于作出法院判决书的次日发送给案件参加人、未出庭的中心机关。如果根据本法典第 201 条规定上述案件有补充裁判，则补充裁判的副本应不迟于作出补充判决的次日发送。

5. 对法院返还孩子或实现探视权的判决过期未提出申请,法院将发生法律效力的法院判决的副本发送中心机关,发送知悉该案件并作出过判决的法院。

6. 上诉审法院关于返还孩子或实现探视权的上诉裁定的副本,应在作出裁定的 3 日内发送中心机关,还发给在此审理过与该孩子有关的争议并作出裁定的第一审或第二审法院。

7. 归还孩子和实现探视权案件的法院判决的解释的副本,发给案件参加人。寄送给未参加法院庭审理的人和机构的,不迟于作出相应裁定的第 2 日。

第三分编　公共法律关系案件的审理

此分编原内容根据联邦法律 08.03.2015 2015 N 23-Φ3 自 2015 年 9 月 15 日起失效。

第四分编 特别程序(ОСОБОЕ ПРОИЗВОДСТВО)

第27章 一般规定(ОБЩИЕ ПОЛОЖЕНИЯ)

第262条 法院依照特别程序审理的案件(Дела, рассматриваемые судом в порядке особого производства)

1. 下列案件由法院依照特别程序审理：

(1)认定法律事实的案件；

(2)认定收养子女的案件；

(3)认定公民失踪或宣告公民死亡的案件；

(4)限制公民行为能力的案件,认定公民无行为能力的案件,限制或剥夺年满14岁不满18岁的未成年人独立处分自己收入权利的案件；

(5)宣告未成年人具有完全行为能力的案件；

(6)认定动产为无主财产和认定自治地方对无主不动产所有权的案件；

(7)恢复对遗失的无记名有价证券或凭证式有价证券权利的案件(公示催告程序)；

(8)此处原内容根据联邦法律08.03.2015 2015 N 23-ФЗ自2015年9月15日起失效；

(9)更正或变更户籍登记的案件；

(10)申请实施公证行为和拒绝实施公证行为的案件。

(11)申请恢复已中止诉讼的案件。

2. 联邦法律可以规定其他案件依照特别程序审理。

第263条 法院依照特别程序审理和解决案件的程序(Порядок рассмотрения и разрешения дел, рассматриваемых судом в порядке особого производства)

1. 法院适用特别程序应遵循诉讼程序的一般规则,遵守本章和本法典第28章至第38章特别规定。

2. 法院适用特别程序审理案件时,应有申请人和其他利害关系人参加。

3. 如果在提出申请时或审理特别程序案件时存在应由法院管辖的

权利争议,法院应作出搁置申请的裁定,裁定应向申请人和其他利害关系人说明依照诉讼程序解决争议的权利。

第28章 认定法律事实(УСТАНОВЛЕНИЕ ФАКТОВ,ИМЕЮЩИХЮРИДИЧЕСКОЕ ЗНАЧЕНИЕ)

第 264 条 认 定 法 律 事 实 的 案 件(Дела об установлении фактов,имеющих юридическое значение)

1. 法院有权认定据以发生、变更、终止公民、组织的人身权或财产权的事实。

2. 法院审理认定以下事实的案件:

(1)亲属关系;

(2)依靠供养的事实;

(3)出生、收养、婚姻、离婚、死亡登记的事实;

(4)认定父亲身份的事实;

(5)当文件上的姓、名、父称与身份证或出生证上的姓、名、父称不符时,认定权利文件(军人证、身份证和户籍机关颁发的证明书除外)属于该人的事实;

(6)占有和使用不动产的事实;

(7)不幸意外事故的事实;

(8)当户籍机关拒绝死亡登记时,认定在一定时间和一定情况下死亡的事实;

(9)接受遗产和继承开始地的事实;

(10)其他具有法律意义的事实。

第 265 条 认 定 法 律 事 实 的 必 要 条 件(Условия,необходимые для установления фактов,имеющих юридическое значение)

只有在申请人不可能通过其他程序取得证明这些事实的适当文件时,或者在不可能恢复遗失的文件时,法院才对法律事实予以认定。

第 266 条 要 求 认 定 法 律 事 实 的 申 请 的 提 出(Подача заявления об установлении факта,имеющего юридическое значение)

认定法律事实的申请,应在申请人住所地的法院提出,但认定占有和使用不动产事实的申请除外,此种申请应向不动产所在地的法院提出。

第 267 条 认定法律事实申请书的内容（Содержание заявления об установлении факта，имеющего юридическое значение）

认定具有法律意义事实的申请书应该载明，申请人认定该事实的目的，还应该提出证明申请人不可能取得适当文件或不可能恢复遗失文件的证据。

第 268 条 对认定法律事实申请的法院判决（Решение суда относительно заявления об установлении факта，имеющего юридическое значение）

对认定法律事实申请的法院判决是证明法律事实的文件，对于应该进行登记的事实，法院判决是进行登记的根据，但不能代替登记机关颁发的文件。

第 29 章　收养
［УСЫНОВЛЕНИЕ (УДОЧЕРЕНИЕ) РЕБЕНКА］

第 269 条 收养申请的提出（Подача заявления об усыновлении или удочерении）

1. 收养申请书由希望收养子女的俄罗斯联邦公民向住所地或被收养人所在地的法院提出。

2. 常住俄罗斯联邦境外的俄罗斯联邦公民、外国公民或无国籍人，希望收养俄罗斯联邦公民的，应该向被收养人住所地或所在地的共和国最高法院、边疆区法院、州法院、联邦直辖市法院、自治州法院和自治区法院提出申请。

第 270 条 收养申请书的内容（Содержание заявления об усыновлении）

收养申请书应该指出：

收养人的姓、名、父称和住所地；

被收养人的姓、名、父称和出生日期，住所地或所在地，被收养人父母、有无兄弟姐妹的情况；

说明收养人收养请求根据的情况以及证明这些情况的文件；

变更被收养人姓、名、父称、出生地以及出生日期（在收养不满周岁的婴儿时）以及在户籍出生登记中将收养人登记为被收养人父母的请求。

第 271 条 收养申请书应附具的文件（Документы，прилагаемые к

заявлению об усыновлении）

1. 收养申请书应附具以下文件：

（1）没有配偶的人收养子女时应附具收养人出生证明的复印件。

（2）有配偶的人收养子女时应附具收养人婚姻证明书的复印件。

（3）夫妻一方收养子女时应附具配偶同意收养或证明夫妻已经终止家庭关系或分居一年以上的文件。如果申请书不能附具有关文件,则申请书应该提出证明这些事实的证据。

（4）收养人健康状况的诊断书。

（5）收养人工作单位关于收养人所担任职务和工资收入的证明,收养人收入申报单或其他证明收入的文件。

（6）住房使用权或住房所有权的证明文件。

（7）公民作为候选收养人的登记证明。

（8）希望在自己家中养育失去父母保护的人,按照规定的程序进行准备的证明。继父或继母申请收养的,孩子的近亲属现在、过去是收养人而未被撤销申请收养孩子的,现在、过去是孩子监护人、保护人未被剥夺权利申请收养的除外。（联邦法律 30.11.2011 N 351-ФЗ,联邦法律 02.07.2013 N 167-ФЗ）

1.1. 常住俄罗斯联邦的继父或继母申请收养孩子的,应当附具本条第 1 款第 2 项至第 4 项所列的文件证明。（联邦法律 23.12.2010 N 389-ФЗ）

2. 常住俄罗斯联邦境外的俄罗斯联邦公民、外国公民或无国籍人要求收养俄罗斯联邦公民的申请书应附具本条第 1 款所列文件,还应附具收养人国籍国(无国籍人收养子女时则为其常住地国)主管机关出具的其生活条件和可以作为收养人的证明、有关国家主管机关准许被收养人入境和在该国常住的许可。

3. 俄罗斯联邦公民收养外国公民的申请书应附具本条第 1 款所列文件,还应附具被收养人法定代理人和被收养人国籍国主管机关的许可;依照该国的法律规范和(或)俄罗斯联邦签署的国际条约需要时,还要附具被收养人本人的同意文件。

4. 收养人是外国公民的,其文件应该通过规定程序进行认证,在认证后再译成俄语,译文应进行公证。

5. 所有文件一式两份。

第 272 条 收养案件法庭审理的准备（Подготовка дела об

1. 法官在准备审理收养案件时,应责成被收养人住所地或所在地的监护和保护机关向法院提出收养根据和收养符合被收养人利益的结论意见。

2. 监护和保护机关的结论意见附具以下文件:

（1）被收养人住所地、所在地或者收养人住所地、所在地的监护和保护机关对收养人生活条件的调查证明;

（2）被收养人出生证;

（3）被收养人健康状况、身体发育和心理发育诊断证明;

（4）10岁以上的被收养人对收养、可以改变姓名和将收养人登记为父母的同意（联邦法律不要求这种同意的情形除外）;

（5）被收养人父母对收养的同意,在被收养人父母未满16岁时,还要有其法定代理人的同意;无法定代理人时,要有监护和保护机关的同意,但《俄罗斯联邦家庭法典》第130条规定的情形除外;

（6）被收养人没有父母的,要有其监护人（保护人）、养父母或安置机构领导人对收养的同意;

（7）收养人是常住俄罗斯联邦境外的俄罗斯联邦公民、外国公民或无国籍人而且不是被收养人亲属的,需要附具证明在无父母照料儿童国家资料库存有被收养人信息资料的文件,以及证明不可能将儿童交给俄罗斯联邦公民家庭收养或交给无论国籍和住所地何在的亲属收养的文件。

3. 法院认为必要时可以要求提交其他文件。

第 273 条 收养申请的审理（Рассмотрение заявления об усыновлении）

收养申请案件不公开审理,收养人、监护保护机关的代表、检察长、年满14岁的被收养人必须出庭,必要时父母、其他利害关系人和年满10岁不满14岁的被收养人本人也应出庭。

第 274 条 对收养申请的法院判决（Решение суда по заявлению об усыновлении）

1. 法院在审理收养申请后作出支持收养请求或驳回收养请求的判决。支持收养请求时,法院应认定儿童被具体人（1人或2人）收养,并在法院判决中列出在户籍机关进行收养登记时所必需的被收养人和收养人信息资料。

法院支持收养请求后,可以驳回收养人在被收养人户籍出生登记中将他们登记为父母的请求以及变更被收养人出生日期和地点的请求。

2. 支持收养请求时,收养人和被收养人的权利和义务自法院收养判决发生法律效力之日起确立。

2.1 对于收养孩子的法院判决的上诉、抗诉,可以自法院作出最终形式的判决之日起 10 日内提出。(联邦法律 02.07.2013 N 167-ФЗ)

3. 法院收养判决书的副本应在发生法律效力之日起的 3 日内送交作出法院判决地的户籍机关,进行被收养事项的国家登记。

第 275 条 撤销收养(Отмена усыновления)

撤销收养案件按照诉讼程序规则进行审理和解决。

第 30 章 认定公民失踪、宣告公民死亡(ПРИЗНАНИЕ ГРАЖДАНИНА БЕЗВЕСТНО ОТСУТСТВУЮЩИМИЛИ ОБЪЯВЛЕНИЕ ГРАЖДАНИНА УМЕРШИМ)

第 276 条 认定公民失踪或宣告公民死亡的申请的提出(Подача заявления о признании гражданина безвестно отсутствующим или об объявлении гражданина умершим)

认定公民失踪或宣告公民死亡的申请应向利害关系人住所地或所在地的法院提出。

第 277 条 认定公民失踪或宣告公民死亡的申请书的内容(Содержание заявления о признании гражданина безвестно отсутствующим или об объявлении гражданина умершим)

认定公民失踪或宣告公民死亡的申请书应该载明认定公民失踪或宣告公民死亡的目的,证明公民失踪的情况或失踪人有死亡危险的情况或者有理由推定公民死于不幸意外事故的情况。对于因参加军事行动而失踪的军人或其他公民,申请书还应该指出军事行动结束的日期。

第 278 条 法官受理认定公民失踪或宣告公民死亡申请后的行为(Действия судьи после принятия заявления о признании гражданина безвестно отсутствующим или об объявлении гражданина умершим)

1. 法官在准备案件的法庭审理时应该查明可能提供失踪人情况的人,并向失踪公民最后已知住所地、工作地点的有关组织、内务机关、部队询问失踪人的情况。

2. 受理认定公民失踪或宣告公民死亡的申请后,法官可以建议监护和保护机关为该公民指定财产委托管理人。

3. 审理认定公民失踪或宣告公民死亡的案件应在检察长出庭的情况下进行。

第 279 条 对认定公民失踪或宣告公民死亡申请的法院判决（Решение суда по заявлению о признании гражданина безвестно отсутствующим или об объявлении гражданина умершим）

1. 在必须对被认定失踪的公民财产进行经常管理时，认定公民失踪的法院判决是将该公民财产交付与监护保护机关签订了财产委托管理合同的人的根据。

2. 宣告公民死亡的法院判决是户籍机关将公民死亡记入国家户籍登记簿的根据。

第 280 条 被认定失踪或被宣告死亡的公民出现或被发现的后果（Последствия явки или обнаружения места пребывания гражданина, признанного безвестно отсутствующим или объявленного умершим）

被认定失踪或被宣告死亡的公民重新出现或被发现，法院应作出新的判决，撤销原判决。新的法院判决分别是撤销公民财产委托管理和在国家户籍登记簿上注销死亡记载的根据。

第 31 章　限制公民行为能力, 认定公民无行为能力, 限制或剥夺年满 14 岁不满 18 岁的未成年人独立处分自己收入的权利(ОГРАНИЧЕНИЕ ДЕЕСПОСОБНОСТИ ГРАЖДАНИНА, ПРИЗНАНИЕ ГРАЖДАНИНА НЕДЕЕСПОСОБНЫМ, ОГРАНИЧЕНИЕИЛИ ЛИШЕНИЕ НЕСОВЕРШЕННОЛЕТНЕГО В ВОЗРАСТЕОТ ЧЕТЫРНАДЦАТИ ДО ВОСЕМНАДЦАТИ ЛЕТ ПРАВАСАМОСТОЯТЕЛЬНО РАСПОРЯЖАТЬСЯ СВОИМИ ДОХОДАМИ)

第 281 条 要求限制公民行为能力, 认定公民无行为能力, 限制或剥夺年满 14 岁不满 18 岁的未成年人独立处分自己收入权利申请的提出（Подача заявления об ограничении дееспособности гражданина, о признании гражданина недееспособным, об ограничении или о лишении несовершеннолетнего в возрасте от четырнадцати до восемнадцати лет права самостоятельно распоряжаться своими доходами)

1. 家庭成员、监护和保护机关、精神病防治机构可以申请认定公民因酗酒或滥用麻醉品而限制其行为能力。(联邦法律 25.11.2013 N 317-ФЗ)

2. 家庭成员、近亲属(无论是否与其共同居住的父母、子女、兄弟、姐妹)、监护和保护机关、精神病防治机构或精神病社会服务常设机构可以提起认定公民由于精神病而无行为能力的案件。(联邦法律 25.11.2013 N 317-ФЗ)

3. 父母、收养人或监护和保护机关可以申请提起限制或剥夺年满 14 岁不满 18 岁的未成年人独立处分自己工资、奖学金或其他收入的权利的案件。

4. 要求限制公民行为能力、认定公民无行为能力、限制或剥夺年满 14 岁不满 18 岁的未成年人独立处分自己收入的申请向该公民住所地的法院提出；如果该公民已被安置到精神病防治机构或精神病社会服务常设机构，则向该机构所在地的法院提出。(联邦法律 25.11.2013 N 317-ФЗ)

第 282 条 限制公民行为能力，认定公民无行为能力，限制或剥夺年满 14 岁不满 18 岁的未成年人独立处分自己收入权利申请书的内容 (Содержание заявления об ограничении дееспособности гражданина, о признании гражданина недееспособным, об ограничении или о лишении несовершеннолетнего в возрасте от четырнадцати до восемнадцати лет права самостоятельно распоряжаться своими доходами)

1. 要求限制公民行为能力的申请书，应该叙述证明酗酒或滥用麻醉品的公民给家庭造成经济困难的情况。

2. 要求认定公民无行为能力的申请书，应该叙述证明该公民患有精神病因而不能理解自己行为的意义或不能控制自己行为的情况。

3. 要求限制或剥夺年满 14 岁不满 18 岁的未成年人独立处分自己工资、奖学金或其他收入的权利的申请书，应该叙述证明未成年人显然不能合理处分自己工资、奖学金或其他收入的情况。

第 283 条 指定鉴定公民精神状态 (Назначение экспертизы для определения психического состояния гражданина)

法官在认定公民无行为能力案件的法庭审理准备过程中，如果有足够的材料说明公民患有精神病,法官应指定司法精神病学鉴定以确定公民的精神状态。如果该公民逃避鉴定,则法院在检察长和精神病医生参加下可以在审判庭作出对公民强制进行司法精神病学鉴定的裁定。

第 284 条 限制公民行为能力,认定公民无行为能力,限制或剥夺年满 14 岁不满 18 岁的未成年人独立处分自己收入权利申请的审理(Рассмотрение заявления об ограничении дееспособности гражданина, о признании гражданина недееспособным, об ограничении или о лишении несовершеннолетнего в возрасте от четырнадцати до восемнадцати лет права самостоятельно распоряжаться своими доходами)

1. 法院审理要求限制公民行为能力,认定公民无行为能力,限制或剥夺年满 14 岁不满 18 岁的未成年人独立处分自己工资、奖学金或其他收入权利的申请时,本人、申请人、检察长、监护和保护机关的代表必须出庭。(联邦法律 06.04.2011 N 67-ФЗ)被申请认定无行为能力的公民本人出庭不影响自己和周围人的生命和健康的也应该被传唤出庭,以便其亲自表达自己的观点或通过其代理人表达观点。(联邦法律 06.04.2011 N 67-ФЗ、联邦法律 25.11.2013 N 317-ФЗ)

被申请认定无行为能力的公民本人出庭对自己和周围人的生命和健康有危险的,可以在精神卫生服务的医疗组织所在地或为其精神耗弱提供社会疗养机构所在地在其本人参加下审理。(联邦法律 06.04.2011 N 67-ФЗ、联邦法律 25.11.2013 N 317-ФЗ、联邦法律 28.11.2015 N 358-ФЗ)

2. 限制公民行为能力、认定公民无行为能力、限制或剥夺年满 14 岁不满 18 岁的未成年人独立处分自己收入权利的案件,申请人免交与审理申请有关的费用。法院如果确定申请人的行为出于非法限制或剥夺公民行为能力的非善意目的,则应向该人收取与审理申请有关的全部费用。

3. 被认定为无行为能力的公民,有权亲自或通过其选择的代理人,根据本法典第 42 章规定对上诉审判决提出再审申请。甚至对未向本人或其选择的代理人提供表达观点机会的第一审法院判决,有权通过法律审查审或监督审程序提出再审申请。(联邦法律 06.04.2011 N 67-ФЗ)

第 285 条 对限制公民行为能力、认定公民无行为能力申请的法院判决(Решение суда по заявлению об ограничении дееспособности гражданина, о признании гражданина недееспособным)

1. 限制公民行为能力的法院判决是监护和保护机关对该公民设立

保护的根据。

2. 认定公民无行为能力的法院判决是监护和保护机关对该公民设立监护的根据。

第 286 条 撤销对公民行为能力的限制和认定公民具有行为能力（Отмена ограничения гражданина в дееспособности и признание гражданина дееспособным）

1. 公民本人、代理人、家庭成员、保护人、监护和保护机关、精神病防治机构或精神病社会服务常设机构在《俄罗斯联邦民法典》第 30 条第 2 款规定的情况下，可以申请法院应作出撤销对该公民行为能力的限制，撤销对该公民设立的保护。（联邦法律 25.11.2013 N 317-ФЗ）

2. 根据监护人及其代理人、家庭成员、精神病防治机构或指定为精神病人提供精神病社会服务常设机构、监护和保护机关的申请，依据司法精神病学鉴定结论，在《俄罗斯联邦民法典》第 29 条第 3 款规定的情况下，法院应作出认定公民具有行为能力的判决，撤销对该公民设立的监护。（联邦法律 06.04.2011 N 67-ФЗ、联邦法律 25.11.2013 N 317-ФЗ、联邦法律 28.11.2015 N 358-ФЗ）

3. 对认定该公民行为能力的申请，由法院按照本法典第 284 条规定的程序审理。（联邦法律 06.04.2011 N 67-ФЗ）

第 32 章　宣告未成年人具有完全行为能力
[ОБЪЯВЛЕНИЕ НЕСОВЕРШЕННОЛЕТНЕГОПОЛНОСТЬЮ ДЕЕСПОСОБНЫМ (ЭМАНСИПАЦИЯ)]

第 287 条 宣告未成年人具有完全行为能力申请的提出（Подача заявления об объявлении несовершеннолетнего полностью дееспособным）

1. 在《俄罗斯联邦民法典》第 27 条第 1 款规定的情形下，年满 16 岁的未成年人可以向住所地的法院申请宣告其具有完全行为能力。

2. 未成年人的父母（或父母中的一人）、收养人或保护人不同意宣告未成年人具有完全行为能力，不影响法院受理要求宣告未成年人具有完全行为能力的申请。

第 288 条 要求宣告未成年人具有完全行为能力申请的审理（Рассмотрение заявления об объявлении несовершеннолетнего полностью дееспособным)

法院审理要求宣告未成年人具有完全行为能力申请时,申请人、父母（或父母中的一人）、收养人、保护人以及监护和保护机关的代表、检察长应该出庭。

第289条 对要求宣告未成年人具有完全行为能力申请的法院判决（Решение суда по заявлению об объявлении несовершеннолетнего полностью дееспособным)

1. 法院在对要求宣告未成年人具有完全行为能力的申请进行实体审理后,应作出判决支持或驳回申请人申请。

2. 在申请得到支持时,年满16岁的未成年人自法院判决发生法律效力之日起被宣告具有完全行为能力(取得完全行为能力)。

第33章 认定动产为无主财产或认定自治地方对无主不动产的所有权（ПРИЗНАНИЕ ДВИЖИМОЙ ВЕЩИ БЕСХОЗЯЙНОЙ И ПРИЗНАНИЕПРАВА СОБСТВЕННОСТИ НА БЕСХОЗЯЙНУЮ НЕДВИЖИМУЮ ВЕЩЬ）（联邦法律 09.02.2009 N 7-ФЗ)

第290条 提出要求认定动产为无主财产或对无主不动产享有所有权的申请（Подача заявления о признании движимой вещи бесхозяйной или о признании права собственности на бесхозяйную недвижимую вещь)

1. 要求认定动产为无主财产的申请由动产占有人向其住所地或所在地的法院提出。认定被联邦行政机关根据其权限收缴的动产为无主财产的申请应由物之所在地的财政机关向法院提出。

2. 要求认定对无主不动产享有所有权的申请应由被授权管理自治地方财产的机关向不动产所在地法院提出;或由授权管理联邦直辖莫斯科市、圣彼得堡市财产的机关向不动产所在地法院提出。

如果被授权管理自治地方财产的机关在国家不动产权利登记机关接受不动产登记之日起一年期限届满之前向法院提出申请的,法官应拒绝受理申请并终止案件的审理程序。

第291条 要求认定动产为无主财产或要求认定对无主不动产享有所有权申请书的内容（Содержание заявления о признании движимой вещи бесхозяйной или о признании права собственности на бесхозяйную недвижимую вещь）

1. 要求认定动产为无主财产的申请书应该载明，被认定为无主财产的财产，财产的基本特征，证明所有权人放弃财产所有权的证据以及证明申请人已经占有财产的证据。

2. 在授权管理自治地方或授权管理联邦直辖莫斯科市、圣彼得堡市财产的机关提出的要求认定对无主不动产享有所有权的申请书中应该载明，不动产由何人于何时进行登记，还应该举出该不动产没有所有权人的证据。

第 292 条 认定动产为无主财产或认定对无主不动产享有所有权案件的法庭审理准备和法庭审理（Подготовка дела к судебному разбирательству и рассмотрение заявления о признании движимой вещи бесхозяйной или о признании права собственности на бесхозяйную недвижимую вещь）

1. 法官在法庭审理准备时应该查明可能提供财产归属信息的人（所有权人、实际占有人和其他人），并向有关机关查询财产资料。

2. 法院审理认定动产为无主财产或要求认定对无主不动产享有所有权的申请时，利害关系人应该出庭。

第 293 条 对认定动产为无主财产或认定对无主不动产享有所有权申请的法院判决（Решение суда относительно заявления о признании движимой вещи бесхозяйной или о признании права собственности на бесхозяйную недвижимую вещь）

1. 法院认定所有权人放弃动产所有权，则作出判决认定动产为无主财产并将动产交付占有人所有。

2. 法院认定不动产没有所有权人或者所有权人不明并且不动产已经按规定程序进行了登记，则作出判决认定自治地方或联邦直辖莫斯科市、圣彼得堡市对不动产享有所有权。

第 34 章 恢复遗失的无记名有价证券或凭证式有价证券的权利(公示催告程序)[ВОССТАНОВЛЕНИЕ ПРАВ ПО УТРАЧЕННЫМЦЕННЫМ БУМАГАМ НА ПРЕДЪЯВИТЕЛЯ ИЛИ ОРДЕРНЫМ ЦЕННЫМБУМАГАМ (ВЫЗЫВНОЕ ПРОИЗВОДСТВО)]

第 294 条 认定遗失的无记名有价证券或凭证式有价证券无效和要求恢复有价证券权利申请的提出（Подача заявления о признании недействительными утраченных ценной бумаги на предъявителя или ордерной ценной бумаги и о восстановлении прав по ним）

1. 在联邦法律规定的情况下,遗失无记名有价证券或凭证式有价证券(在本章中下称凭证)的人,可以请求法院认定无记名有价证券或凭证式有价证券无效,要求恢复有价证券之权利。

2. 由于保管不善或其他原因而遗失付款凭证的情形下,所遗失凭证上的权利亦可以恢复。

3. 要求认定遗失的凭证无效和恢复其权利的申请,应向凭证出票人所在地的法院提出。

第 295 条 认定无记名有价证券或凭证式有价证券无效和恢复其权利的申请书的内容（Содержание заявления о признании недействительными утраченных ценной бумаги на предъявителя или ордерной ценной бумаги и о восстановлении прав по ним）

要求认定遗失的无记名有价证券或凭证式有价证券无效和恢复其权利的申请书,应该指出所遗失有价证券的要件、出票人的名称。还要叙述遗失凭证的情况以及申请人禁止出票人根据凭证进行付款或交付的请求。

第 296 条 法官受理认定遗失的无记名有价证券或凭证式有价证券无效和恢复其权利申请后的行为（Действия судьи после принятия заявления о признании недействительными утраченных ценной бумаги на предъявителя или ордерной ценной бумаги и о восстановлении прав по ним）

1. 法官受理认定遗失的无记名有价证券或凭证式有价证券无效和恢复有价证券权利申请后,应作出禁止出票人根据凭证进行付款或交付

的裁定,并将裁定的副本送交出票人、登记人。法院裁定还应指出在期刊上公布包含以下内容的信息,费用由申请人负担:

(1)受理遗失凭证申请法院的名称;

(2)出票人的名称,出票人的住所地或所在地;

(3)凭证的名称和要件;

(4)向声明遗失凭证的现持有人提出在自公布之日起的 3 个月内向法院主张自己对该凭证权利的建议。

2. 法院拒绝作出裁定的,可以提出复议。

第 297 条 凭证持有人的申请(Заявление держателя документа)

已经声明遗失凭证的持有人必须在自公布本法典第 296 条第 1 款所列信息后之日起的 3 个月内向作出裁定的法院提出申请,主张自己对凭证的权利并提交凭证原件。

第 298 条 法院收到持有人申请后的行为(Действия суда после поступления заявления держателя документа)

1. 公布本法典第 296 条第 1 款所列信息之日起 3 个月内,在收到凭证持有人的申请后,法院应搁置凭证遗失人的申请并规定禁止出票人根据凭证进行付款和交付的期限。该期限不得超过 2 个月。

2. 同时法官应向申请人说明按照一般程序向凭证持有人提起要求该凭证的诉讼,向凭证持有人要求申请人赔偿因采取禁止措施所造成的损失。

3. 对法院就本条问题所作出的裁定可以提出复议。

第 299 条 认定遗失的无记名有价证券或凭证式有价证券无效和恢复其权利申请的审理(Рассмотрение заявления о признании недействительными утраченных ценной бумаги на предъявителя или ордерной ценной бумаги и о восстановлении прав по ним)

如果法院没有收到本法典第 297 条所列凭证持有人的申请,应在本法典第 296 条第 1 款所列信息公布之日起 3 个月届满后审理认定遗失的无记名有价证券或凭证式有价证券无效和恢复其权利的案件。

第 300 条 对要求认定遗失的无记名有价证券或凭证式有价证券无效和恢复其权利申请的法院判决(Решение суда относительно заявления о признании недействительными утраченных ценной бумаги на предъявителя или ордерной ценной бумаги и о восстановлении прав по ним)

如果支持申请人的请求,法院应作出判决,认定所遗失凭证无效并恢复无记名有价证券或凭证式有价证券权利。该法院判决是向申请人重新出票代替已被认定无效凭证的根据。

第 301 条 凭证持有人提起财产不当取得或不当保管诉讼的权利（Право держателя документа предъявить иск о неосновательном приобретении или сбережении имущества）

法院认定凭证无效和恢复遗失无记名有价证券或凭证式有价证券权利后,凭证持有人由于某种原因未主张自己对凭证权利的,可以向被认定有权取得新凭证代替所遗失凭证的人提起财产不当取得或不当保管的诉讼。

第 35 章 强制公民到精神病住院机构和强制精神病检验 (ГОСПИТАЛИЗАЦИЯ ГРАЖДАНИНА В МЕДИЦИНСКУЮОРГАНИЗАЦИЮ, ОКАЗЫВАЮЩУЮ ПСИХИАТРИЧЕСКУЮ ПОМОЩЬВ СТАЦИОНАРНЫХ УСЛОВИЯХ, В НЕДОБРОВОЛЬНОМ ПОРЯДКЕИ ПСИХИАТРИЧЕСКОЕ ОСВИДЕТЕЛЬСТВОВАНИЕВ НЕДОБРОВОЛЬНОМ ПОРЯДКЕУтратила силу)

此章原内容根据联邦法律 08.03.2015 2015 N 23-ФЗ 自 2015 年 9 月 15 日起失效。

第 36 章 更正或修改户籍登记错误案件的审理 (РАССМОТРЕНИЕ ДЕЛ О ВНЕСЕНИИ ИСПРАВЛЕНИЙИЛИ ИЗМЕНЕНИЙ В ЗАПИСИ АКТОВ ГРАЖДАНСКОГО СОСТОЯНИЯ)

第 307 条 更正或修改户籍登记错误申请的提出（Подача заявления о внесении исправлений или изменений в запись акта гражданского состояния）

1. 户籍机关在没有权利争议的情况下拒绝对户籍登记错误进行更正或修改,法院可以审理对户籍登记进行更正或修改案件。

外国民事诉讼法译丛 俄罗斯民事诉讼法典

2. 要求更正或修改户籍登记错误申请应向申请人住所地的法院提出。

第 308 条 要求更正或修改户籍登记错误申请书的内容（Содержание заявления о внесении исправлений или изменений в запись акта гражданского состояния）

要求更正或修改户籍登记错误的申请书应该载明，户籍登记的错误，户籍机关何时拒绝对户籍登记进行更正或修改。

第 309 条 对要求更正或修改户籍登记错误申请的法院判决（Решение суда относительно заявления о внесении исправлений или изменений в запись акта гражданского состояния）

认定户籍登记错误的法院判决是户籍机关对户籍登记进行更正和修改的根据。

第 37 章　对公证行为或拒绝实施公证行为申请的审理（РАССМОТРЕНИЕ ЗАЯВЛЕНИЙ О СОВЕРШЕННЫХНОТАРИАЛЬНЫХ ДЕЙСТВИЯХ ИЛИ ОБ ОТКАЗЕ В ИХ СОВЕРШЕНИИ）

第 310 条 对公证行为或拒绝实施公证行为的申请的提出（Подача заявления о совершенном нотариальном действии или об отказе в его совершении）

1. 利害关系人认为已实施的公证行为或拒绝实施公证行为错误，有权向公证机关所在地的法院或实施公证行为的公职人员所在地的法院提出申请。

联邦法律所列公职人员认证遗嘱和委托书不正确或拒绝进行认证的申请应向军队医院、普通医院、疗养院、其他住院治疗机构、社会服务机构，包括养老院和残疾人福利院、居民社会保障机构、勘探队、部队，兵团、军事机构和军事院校、剥夺自由场所等的所在地法院提出。（联邦法律 02.07.2013 N 185-ФЗ）

悬挂俄罗斯联邦国旗的海洋船舶、河海混合航运船舶、内河航运船舶的船长认证遗嘱不正确或拒绝认证遗嘱的申请，应向船舶注册港的法院提出。

2. 申请应在申请人获悉已实施公证或拒绝实施公证行为之日起的

10 日内提出。

3. 利害关系人之间发生的有关依据公证行为的权利争议,由法院依照诉讼程序审理。

第 311 条 对公证行为或拒绝实施公证行为申请的审理 (Рассмотрение заявления о совершенном нотариальном действии или об отказе в его совершении)

法院审理对已实施公证行为或拒绝实施公证行为的申请时,申请人、实施公证行为或拒绝实施公证行为的公证员、公职人员应该出庭。这些人员不到庭不妨碍申请的审理。

第 312 条 对公证行为或拒绝实施公证行为申请的法院判决 (Решение суда относительно заявления о совершенном нотариальном действии или об отказе в его совершении)

如果法院判决支持对公证行为或拒绝实施公证行为的申请,则已实施公证行为予以撤销或责成实施公证行为。

第 38 章 已失效诉讼程序的恢复(ВОССТАНОВЛЕНИЕ УТРАЧЕННОГОСУДЕБНОГО ПРОИЗВОДСТВА)

第 313 条 已失效诉讼程序的恢复程序(Порядок восстановления утраченного судебного производства)

1. 法院裁定完全或部分失效的诉讼程序,可以依照本章规定的程序恢复。

2. 案件参加人可以申请要求恢复已失效的诉讼程序。

第 314 条 恢复已失效的诉讼程序申请的提出(Подача заявления о восстановлении утраченного судебного производства)

1. 要求恢复已失效的诉讼程序的申请应向对争议作出实体判决或作出终止案件司法程序裁定的法院提出。

2. 要求恢复失效的诉讼程序的申请书应该载明,要求恢复的诉讼程序,法院是否对案件作出实体判决或案件的程序是否失效,申请人在案件中的诉讼地位,其他案件参加人及其诉讼地位,这些人的住所地或所在地,申请人了解的诉讼程序终止的情况,诉讼程序文件的副本或这些文件材料所在,申请人认为必须恢复的究竟是什么文件,恢复的目的。

申请书应附具与案件有关的现存文件或其复印件,即使它们未按规定程序进行认证。

申请法院审理恢复失效的诉讼程序案件免交诉讼费用。

第 315 条 搁置恢复诉讼程序的申请或对申请不予审理（Оставление заявления о восстановлении утраченного судебного производства без движения или рассмотрения）

1. 如果要求恢复已失效的诉讼程序的申请书没有说明提出申请的目的，则法院搁置申请并指出申请人叙述其目的的必要期限。

2. 申请人提出的目的与维护其权利和合法利益无关，法院应拒绝恢复已失效的诉讼程序的案件，或者当案件已经提起时作出对案件不予审理的说明理由的裁定。

第 316 条 拒绝恢复已失效的诉讼程序（Отказ в восстановлении утраченного судебного производства）

1. 在案件实体判决前已失效的诉讼程序不予恢复。在这种情况下，原告有权重新提起诉讼。法院因诉讼程序失效而重新提起案件的裁定应该反映这一情况。

2. 法院在审理重新提起的诉讼时，可以利用尚保留的那一部分诉讼程序，还可以利用诉讼程序终止前发给公民、组织的文件，以及这些文件的复印件和其他与案件有关的文件。

法院可以将实施诉讼行为时在场人员作为证人询问，在必要情况下还可以询问已失效的诉讼程序中审理案件的法官以及法院判决的执行人员。

第 317 条 恢复已失效的诉讼程序的法院判决（Решение суда о восстановлении утраченного судебного производства）

1. 除本法典第 318 条规定的情形外，法院曾作出过的失效的诉讼程序的判决或裁定应该予以恢复。

2. 恢复已失效的诉讼程序的法院判决或裁定应载明，法院根据所提交的材料并在已失效的诉讼程序的全体诉讼参加人参加下经审判庭审查该材料，法院据此恢复司法程序。

在恢复失效的诉讼程序的法院判决的理由部分还应指出，法院认为所讨论的情节已经得到证明的结论，以及在已失效的诉讼程序中实施过哪些诉讼行为。

第 318 条 终止恢复已失效的诉讼程序案件申请的审理（Прекращение производства по делу о восстановлении утраченного судебного производства）

1. 如果搜集到的材料不足以恢复已失效的诉讼程序有关的法院裁判,法院应裁定终止申请恢复已失效的诉讼程序案件的审理程序,并向案件参加人说明按照一般程序提起诉讼的权利。

2. 对要求恢复已失效的诉讼程序的申请的审理不受其存续期的限制。但为了执行而向法院提出要求恢复已失效的诉讼程序的申请时,如果提交执行命令的期限已经届满而法院未予以恢复,法院应终止恢复已失效的诉讼程序的案件。

第 319 条 对法院恢复失效的诉讼程序裁判提出复议的程序（ Порядок обжалования судебных постановлений, связанных с восстановлением утраченного судебного производства）

1. 对法院恢复失效的诉讼程序的裁判可以依照本法典规定的程序提出复议。

2. 如果申请是故意虚假提出的,则与提起恢复已失效的诉讼程序案件有关的诉讼费用由申请人负担。

第三编　第二审法院的诉讼程序(ПРОИЗВОДСТВО В СУДЕ ВТОРОЙ ИНСТАНЦИИ)

第 39 章　上诉审程序(ПРОИЗВОДСТВО В СУДЕ АПЕЛЛЯЦИОННОЙ ИНСТАНЦИИ) (联邦法律 09.12.2010 N 353-ФЗ)

第 320 条　上诉的权利(Право апелляционного обжалования)(联邦法律 09.12.2010 N 353-ФЗ)

1. 对一审未生效的判决,可以依照本章确定的程序提出上诉。

2. 当事人和案件参加人对法院判决有上诉权。参加案件的检察长有抗诉权。

3. 虽然没有被吸收参加案件但法院判决涉及其权利和义务的人也有权提出上诉。

第 320.1 条　审理上诉和抗诉案件的法院(Суды, рассматривающие апелляционные жалобы, представления)(联邦法律 09.12.2010 N 353-ФЗ)

审理上诉、抗诉案件的法院是:

(1)区法院审理治安法官的判决。

(2)共和国最高法院、边疆区法院、州法院、联邦直辖市法院、自治州法院、军区(舰队)法院审理区法院判决、卫戍部队军事法院判决。

(3)俄罗斯联邦最高法院民事审判庭审理共和国最高法院、边疆法院、州法院、联邦直辖市法院、自治州法院、自治专区法院作出的一审判决。俄罗斯联邦最高法院民事审判庭审理军区(舰队)法院作为第一审级作出的判决。(联邦法律 12.03.2014 N 29-ФЗ、联邦法律 08.03.2015 N 23-ФЗ)

(4)俄罗斯联邦最高法院上诉庭,审理俄罗斯联邦最高法院作为的第一审级法院作出的判决。

(5)莫斯科市法院上诉庭,审理根据本法典第 144.1 条规定的在电子信息网络包括因特网上保护除过摄影作品和类似摄影作品以外的著作权和(或)相邻权的民事案件的法院判决,以及对此案件作出的预先保护措施。(联邦法律 24.11.2014 N 364-ФЗ)

第 321 条 提出上诉或抗诉的程序和期限(Порядок и срок подачи апелляционных жалобы,представления)(联邦法律 09.12.2010 N 353-ФЗ)

1. 上诉、抗诉可以通过作出判决的法院提出。属于应向作出判决的法院提出的上诉、抗诉可以直接向上诉审提出,实施本法典第 325 条所列的进一步行为。

2. 上诉、抗诉可以在法院作出判决之日起 1 个月内提出,本法典另有规定的除外。

第 322 条 上诉状和抗诉书的内容(Содержание апелляционных жалобы,представления)

1. 上诉状和抗诉书应该包括以下内容:

(1)上诉或抗诉指向的区法院的名称;(联邦法律 09.12.2010 N 353-ФЗ)

(2)上诉人或提出抗诉的检察长的姓名(名称)、住所地或所在地;

(3)上诉或抗诉指向的法院判决;(联邦法律 09.12.2010 N 353-ФЗ)

(4)上诉人提出的要求或检察长抗诉的要求,以及认为法院判决不正确的理由。(联邦法律 09.12.2010 N 353-ФЗ)

(5)此处内容根据联邦法律 09.12.2010 N 353-Ф 自 2015 年 1 月 1 日起失效;

(6)上诉状或抗诉书所附文件的清单。

2. 上诉状、抗诉书不得包含未在第一审程序中提出的请求。

对于一审未提供的证据,仅允许上诉人或抗诉检察长在上诉、抗诉中提供其在一审程序中无法提供的证据。(联邦法律 09.12.2010 N 353-ФЗ)

3. 上诉状由上诉人或其代理人签字。如果案件中代理人无此权限,上诉状应该附具委托书或其他证明代理人权限的文件,抗诉书由检察长签字。

4. 如果上诉应交纳国家规费,则上诉状应附具证明已经交纳国家规费的凭证。

5. 提交上诉状、抗诉书和所附文件时,还应按案件参加人的人数提交副本。

第 323 条 搁置上诉状、抗诉书（Оставление апелляционных жалобы，представления без движения）（联邦法律 09.12.2010 N 353-ФЗ）

1. 上诉状或抗诉书不符合本法典第 322 条要求，以及在提交上诉状时未缴纳国家规费的，法官应在 5 日内作出搁置上诉状或抗诉书的裁定，并给上诉人或提出抗诉的检察长指定补正欠缺的期限，包括补正上诉人的居住地或所在地。

2. 上诉人或提出抗诉的检察长在规定期限内完成法官裁定中的指示，则上诉状或抗诉书被认为在最初提交法院之日提出。

3. 对法官搁置不予审理上诉状、抗诉书的裁定，当事人可以提起上诉，检察长可以提出抗诉。

第 324 条 发还上诉状或抗诉书（Возвращение апелляционных жалобы，представления）（联邦法律 09.12.2010 N 353-ФЗ）

1. 有下列情形之一的，上诉状和抗诉书应分别发还上诉人和检察长：

（1）未在指定期限内完成法官搁置上诉状或抗诉书裁定的指示；

（2）在上诉状或抗诉书未提出恢复上诉或抗诉期限的请求或要求恢复上诉或抗诉期限的请求被驳回的情况下，提出期限届满的。

2. 如果案件尚未移送到上诉审法院，根据上诉人或提出抗诉的检察长的请求，也可以发还上诉状或抗诉书。

3. 法官将上诉状或抗诉书发还上诉人或检察长的事宜应作出裁定进行。上诉人或提出抗诉的检察长有权对上述裁定提出上诉或抗诉。

第 325 条 一审法院收到上诉状和抗诉书后的行为（Действия суда первой инстанции после получения апелляционных жалобы，представления）（联邦法律 09.12.2010 N 353-ФЗ）

1. 一审法院收到依照本法典第 321 条规定期限递交并符合本法典第 322 条要求的上诉状或抗诉书后，必须将上诉状、抗诉书的副本以及所附文件送交案件参加人。

2. 案件参加人有权以书面形式对上诉状、抗诉书向一审法院提出抗辩，并附具证明抗辩的文件，还要按案件参加人的人数提交抗辩和所附文件的复印件，并有权了解已经提交的上诉状、抗诉书及其抗辩。

3. 上诉和抗诉期限届满后，一审法院应将案卷连同上诉状、抗诉书及其抗辩一并送交上诉审法院。

上诉和抗诉期限届满之前不得将案卷送交上诉审法院。

第 326 条 放弃上诉和抗诉（Отказ от апелляционных жалобы, представления）（联邦法律 09.12.2010 N 353-ФЗ）

1. 上诉审法院作出判决或裁定之前,可以放弃上诉和抗诉。

2. 放弃上诉或抗诉以书面形式向上诉审法院提出。

3. 放弃上诉、抗诉的,上诉审法院可裁定终结该上诉或抗诉案件。

因放弃上诉或抗诉而终结的程序,不妨碍第一审程序的其他人对法院判决的上诉或抗诉。

第 326.1 条 上诉审程序中原告放弃诉讼、被告承认诉讼和当事人达成和解协议（Отказ истца от иска, признание иска ответчиком, мировое соглашение сторон в суде апелляционной инстанции）（联邦法律 09.12.2010 N 353-ФЗ）

1. 在受理上诉状、抗诉书后,原告放弃诉讼、被告承认诉讼或双方当事人达成和解协议,应当向上诉审法院提交书面申请。如果原告放弃诉讼、被告承认诉讼和当事人达成和解协议的条件在法庭审理中提出,则这些条件应记入笔录,并由原告、被告和和解当事人签名。

2. 原告放弃诉讼或双方和解的申请的审理程序和后果,由本法典第173条第2款和第3款的规则确定。如果原告放弃诉讼或者和解协议被批准,则上诉审法院撤销第一审法院判决并终止案件的讼诉程序。如果被告承认诉讼,上诉审法院可以判决支持原告诉讼请求。

第 327 条 上诉审法院对案件的审理（Порядок рассмотрения дела судом апелляционной инстанции）（联邦法律 09.12.2010 N 353-ФЗ）

1. 上诉审法院应依照上诉审程序将审理上诉、抗诉的时间和地点通知案件参加人。

上诉审法院审理案件的规则与第一审法院相同。

案件参加人、代理人以及证人、鉴定人、专家、翻译人员可以根据本法典第155.1条规定通过视频会议系统参加法庭审理。（联邦法律 26.04.2013 N 66-ФЗ）

除区法院外,上诉审法院审理案件由合议庭审理。

2. 审判长宣布开庭,并宣布根据何人对哪个法院提出的上诉或抗诉审理的案件名称。审判长应查明案件参加人及其代理人到庭情况,确定到庭人员身份,核对公职人员、代理人员的权限,并向案件参加人说明其诉讼权利和义务。

上诉审法院对案件的审理,从审判长或一名法官的报告开始。报告人叙述案情、第一审法院判决的内容、上诉或抗诉的理由以及针对上诉、抗诉的抗辩,向法院提交的新证据的内容以及宣告法院审查第一审法院判决所需的其他材料。

3. 审判长或一名法官报告后,上诉审法院听取出庭的案件参加人、代理人的陈述。首先发言的是上诉人或其代理人,如果检察长提出抗诉,则首先发言的是检察长。当双方当事人均对第一审法院判决提出上诉时,首先发言的是原告。

在上诉人、检察长以及案件其他参加人陈述以后,上诉审法院在必要时应宣读案件中现有的证据,然后审查新提交的证据。

4. 案件陈述和质证以后,上诉审法院给案件参加人参加法院辩论的机会,就他们的陈述进行论证。

5. 上诉审法院法庭审理的每个过程,以及法庭外单独进行的诉讼行为,都应按本法典第 21 章规定记入笔录。

6. 上诉审法院不适用以下规则:合并或分拆数个诉讼请求;变更诉讼标的或理由,变更诉讼请求的幅度;提出反诉;更换不属于被告的人;吸收第三人参加案件。

第 327.1 条 上诉审法院审理案件的范围(Пределы рассмотрения дела в суде апелляционной инстанции)(联邦法律 09.12.2010 N 353-ФЗ)

1. 上诉审法院的审理以上诉状、抗诉书的表述和针对上诉状、抗诉书的抗辩为限。

上诉审法院评判案件已有的证据以及补充证据。案件参加人不能向第一审法院提交证据非因自己的原因且法院认为理由正当的,上诉审法院才接收补充证据。上诉审法院应就接受该证据作出裁定。

2. 如果依上诉审程序只对法院的部分判决上诉、抗诉,那么上诉审法院只对此部分进行合法性和合理性审查。

上诉审法院为了合法性要求,有权对第一审法院判决的全部进行审查。

3. 上诉审法院还可以不局限于上诉状、抗诉书的内容,审查第一审法院是否违反本法典第 330 条规定的诉讼程序,作为撤销第一审法院判决的根据。

4. 上诉审法院不接受也不审理没有向第一审法院提出的、作为第一审法院审判内容的新请求。

第 327. 2 条 上诉审法院审理案件的期限（Сроки рассмотрения дела в суде апелляционной инстанции）（联邦法律 09. 12. 2010 N 353-ФЗ）

1. 区法院、共和国最高法院、边疆区法院、州法院、联邦直辖市法院、自治州法院、自治专区法院、军区(舰队)军事法院应该在收到上诉状或抗诉书之日起的 2 个月内审理案件。

2. 俄罗斯联邦最高法院应该在收到上诉状或抗诉书之日起 3 个月内审理案件。

3. 本法典和其他联邦法律可以规定上诉审法院审理各类案件时上诉或抗诉的更短期限。

第 328 条 上诉审法院权限（Полномочия суда апелляционной инстанции）（联邦法律 09. 12. 2010 N 353-ФЗ）

上诉审法院在审理上诉或抗诉时有权：

(1)维持原判,驳回上诉或抗诉；

(2)变更或全部、部分撤销一审法院的判决并作出新的判决；

(3)完全或部分撤销一审法院的判决并终止司法程序或对申请不予审理；

(4)如果上诉、抗诉逾期,且恢复期限的问题未解决,则对上诉、抗诉不予实体审理。

第 329 条 上诉审法院裁判（Постановление суда апелляционной инстанции）（联邦法律 09. 12. 2010 N 353-ФЗ）

1. 上诉审法院裁判以上诉审裁定的形式作出。

2. 上诉审裁定应当载明：

1)作出裁定的时间、地点。

2)作出裁定的法院名称、法院组成。

3)提出上诉或抗诉人。

4)一审法院判决的简要内容,上诉、抗诉的简要内容；参加上诉审的案件参加人的陈述及其所提供的依据。

5)上诉审法院确认的案件情况,审理上诉、抗诉案件结果的和法院结论。

6)得出结论的理由和法院所遵循的法律依据。

3. 对于上诉、抗诉中未被支持的请求,法院应当指明拒绝其上诉、抗诉的理由。

4. 上诉裁定应当明确法院支出包括与提起上诉、抗诉有关的费用在当事人之间的分担。

5. 上诉审法院的裁定自作出之日起发生法律效力。

第 330 条 通过上诉审程序撤销或变更法院判决的理由（Основания для отмены или изменения решения суда в апелляционном порядке）（联邦法律 09.12.2010 N 353-ФЗ）

1. 上诉审法院撤销或变更法院判决的理由：

（1）错误确定对案件有意义的情况；

（2）第一审法院对案件有意义的情况未证明；

（3）第一审法院在法院判决中叙述的结论与案情不符；

（4）违反或不正确运用实体法或程序法。

2. 违反实体法的表现：

（1）法院未适用应当适用的法律；

（2）法院适用了不应当适用的法律；

（3）法院对法律的解释不正确。

3. 违反或不正确适用诉讼法律规范导致或可能导致案件错误解决的情况下，违反或不正确适用诉讼法律规范才是变更或撤销第一审法院判决的根据。

4. 有下列情形之一的，第一审法院判决均应予以撤销：

（1）审理案件的审判庭组成不合法；

（2）案件是在某一参加人未能以适当方式收到开庭时间和地点的通知且未到庭的情况下审理的；

（3）案件审理违反诉讼语言规则的；

（4）法院判决处理了未被吸收参加案件的人的权利和义务；

（5）独任法官或几位法官当中的某位法官未签字，或者在法院判决书上签字的不是法院判决中所指明的独任法官或几位法官；

（6）案卷中没有法庭审理笔录；

（7）作出法院判决时违反法官评议保密规则。

5. 具有本条第 4 款规定的情形时，上诉审法院可以不考虑本章特别规定。上诉审法院应对一审法院按诉讼规则审理案件的步骤作出裁定，明确案件参加人履行的行为以及履行的期限。

6. 第一审法院实质正确的判决，不得仅因为形式表述被撤销。

第 331 条 对一审法院裁定提出上诉的权利（Обжалование определений суда первой инстанции）（联邦法律 09.12.2010 N 353-ФЗ）

1. 当事人、案件其他参加人可以对一审法院下列裁定向上诉审法院提出上诉,检察长有权提出抗诉。

(1)本法典有此规定;

(2)一审法院的裁定使案件不能继续进行。

2. 上诉、检察官抗诉的审理:

1)治安法官的裁判,由区法院审理。

2)区法院、卫戍部队法院的裁判,由共和国最高法院、边疆区、州、联邦直辖市、自治州、自治区、军区(舰队)的法院审理。

3)对共和国最高法院、边疆区法院、联邦直辖市法院、自治州法院、自治区法院、军区(舰队)法院的裁判,由上述相应法院的上诉审级法院审理。

4)对俄罗斯联邦最高法院裁判的审理,由俄罗斯联邦最高法院的上诉审委员会审理。

3. 对第一审法院裁定的上诉、检察长抗诉未涉及的针对裁定的抗辩,可以计入上诉或检察长抗诉。

第 332 条 提出上诉、检察长抗诉的期限（Срок подачи частной жалобы, представления прокурора）(联邦法律 09.12.2010 N 353-ФЗ)

除本法典另有规定外,上诉或检察长抗诉可以在一审裁定作出之日起 15 日内提出。(联邦法律 28.12.2013 N 436-ФЗ)

第 333 条 上诉或检察长抗诉的提出和审理的程序（Порядок подачи и рассмотрения частной жалобы, представления прокурора）(联邦法律 28.12.2013 N 436-ФЗ)

1. 上诉、检察长抗诉的提出和审理,由法院依据本章确定的以及本条所列的程序进行,并注意被删除和应注意的事项。

2. 一审法院收到根据本法典第 332 条所确定的期限提出的且符合本法第 332 条要求的上诉状和检察官抗诉书后,必须发给案件参加人上诉状和检察长抗诉书副本以及附具的文件,上述人员有权在法院确定的期限向一审法院提交书面抗辩上诉和检察长抗诉的文件,以证明自己的抗辩,并提交与案件参加人数相同的副本。

3. 除中断案件诉讼程序的、终止案件程序的、搁置申请不予审理的、满足或驳回申请的、根据新发现的情况和新情况申请对法院裁判再审的、强制执行或拒绝强制执行外国法院关于强制执行判决的、承认或拒绝承认外国法院判决的、承认执行或拒绝承认执行外国仲裁法院(仲裁机构)

执行判决的、撤销仲裁法院判决或拒绝撤销仲裁法院判决的、对仲裁法院的强制执行判决发出执行命令或拒绝仲裁法院的强制执行判决发出执行命令的裁定外，一审法院对裁定的上诉、检察官抗诉，可以无须通知案件参加人。

根据要解决的诉讼问题的特点和难度，以及当事人上诉、检察长抗诉的理由和针对当事人上诉、检察长抗诉的抗辩，上诉审法院可以告知案件参加人审理当事人上诉、检察长抗诉案件的时间和地点，传唤其到庭。

4. 对第一审法院裁定提出的当事人上诉案件、检察长抗诉案件的审理，如本法典没有另行规定，由上诉审法院根据本法典第327.2条规定的期限进行。

第334条 上诉审法院审理上诉或检察长抗诉时的权利（Полномочия суда апелляционной инстанции при рассмотрении частной жалобы, представления прокурора）（联邦法律09.12.2010 N 353-ФЗ）

上诉审法院在审理上诉或检察长抗诉后有权：

1. 维持一审法院的裁定，驳回上诉或检察长抗诉；

2. 全部或部分撤销第一审法院裁定并处理实体问题。

第335条 上诉审法院裁定的法律效力（Законная сила определения суда апелляционной инстанции）

上诉审法院对上诉或检察长抗诉的裁定自作出之日起发生法律效力。

第335.1条 对适用简易程序审理的案件的法院判决的上诉、抗诉（Апелляционные жалоба, представление на решение суда по делу, рассмотренному в порядке упрощенного производства）（联邦法律02.03.2016 N 45-ФЗ）

1. 根据上诉、抗诉审理适用简易程序做出法院判决时，一律不传唤证人。根据要解决的诉讼问题的难度以及上诉、抗诉的理由和针对上诉、抗诉的抗辩，上诉审法院可以传唤案件参加人到庭。

2. 上诉审法院不接受适用简易程序审理的案件的补充证据，除非在本法典第232.2条第4款规定的情形下证据或证明材料在第一审程序时被无理拒绝。

3. 上诉审法院根据本法典第330条第4款规定有理由认为已适用简易程序审理的案件属于应当适用普通诉讼程序的案件时，有权撤销一审法院判决并将案件发回一审法院按普通诉讼审理。

第 40 章　上诉审法院的诉讼程序(ПРОИЗВОДСТВО В СУДЕ КАССАЦИОННОЙ ИНСТАНЦИИ)

此章原内容根据联邦法律 09.12.2010 N 353-ФЗ 自 2012 年 1 月 1 日起失效。

第四编　已经发生法律效力的法院裁判的再审 (ПЕРЕСМОТР ВСТУПИВШИХ В ЗАКОННУЮ СИЛУ СУДЕБНЫХ ПОСТАНОВЛЕНИЙ)

第41章　法律审查法院的程序(ПРОИЗВОДСТВО В СУДЕ КАССАЦИОННОЙ ИНСТАНЦИИ) (联邦法律 09.12.2010 N 353-ФЗ)

第376条 向法律审查法院提出请求的权利(Право на обращение в суд кассационной инстанции)(联邦法律 09.12.2010 N 353-ФЗ)

1. 案件参加人和其他人认为自己权利和合法利益因法院裁判而受到侵害,可以依照本章规定的程序对已经发生法律效力的法院裁判向法律审查法院提出申诉和抗诉,但对俄罗斯联邦最高法院的裁判除外。

2. 本条第1款所列人员在法院裁判生效前穷尽本法典规定的办法的,对法院裁判可以在其发生法律效力之日起6个月内向法律审查法院提出申诉或抗诉。

3. 如果检察长参加过案件审理,则本法典第377条所列检察人员有权对已经发生法律效力的法院判决和裁定向法律审查法院提出抗诉。

第377条 提出法律审查的申诉和抗诉的程序(Порядок подачи кассационных жалобы, представления)(联邦法律 09.12.2010 N 353-ФЗ)

1. 法律审查的申诉或抗诉直接向法律审查法院提出。

2. 法律审查的申诉或抗诉的提出程序:

(1)对共和国最高法院、边疆区法院、州法院、联邦直辖市法院、自治州法院、自治区法院的上诉审裁定,对区法院二审判决和裁定,对区法院、治安法官已经发生法律效力的命令、判决和裁定,分别向共和国最高法院、边疆区法院、州法院、联邦直辖市法院、自治州法院、自治区法院主席团提出;

(2)对军区(舰队)军事法院的上诉裁定,对卫戍区军事法院的已经发生法律效力的判决和裁定,向军区(舰队)军事法院主席团提出;

(3)对共和国最高法院、边疆区法院、州法院、联邦直辖市法院、自治州法院、自治区法院主席团的裁判,对共和国最高法院、边疆区法院、州法院、联邦直辖市法院、自治州法院、自治区法院的上诉裁定,对区法院一审作出已经发生法律效力但被共和国最高法院、边疆区法院、州法院、联邦直辖市法院、自治州法院、自治区法院主席团驳回的判决和裁定,向俄罗斯联邦最高法院民事审判庭提出;(联邦法律 08.03.2015 N 23-ФЗ)

(4)对军区(舰队)军事法院主席团的裁判,对军区(舰队)军事法院上诉裁定以及一审作出已经发生法律效力的判决和裁定,对卫戍区军事法院已经发生法律效力但被军区(舰队)军事法院主席团驳回的判决和裁定,向俄罗斯联邦最高法院军事审判庭提出。(联邦法律 12.03.2014 N 29-ФЗ)

3. 要求对于已经在俄罗斯联邦发生法律效力的判决和裁定进行法律审查的抗诉,分别由下列人员向下列法院提出:

(1)俄罗斯联邦总检察长和副总检察长——向任何法律审查法院提出;

(2)共和国、边疆区、州、联邦直辖市、自治州、自治区、军区(舰队)的检察长——分别向共和国最高法院、边疆区法院、州法院、联邦直辖市法院、自治州法院、自治专区法院、军区(舰队)军事法院的主席团提出。

第 378 条 申诉状和抗诉书的内容(Содержание кассационных жалобы,представления)(联邦法律 09.12.2010 N 353-ФЗ)

1. 申诉状或抗诉书应该包括以下内容:

(1)接受申诉状或抗诉书的法院名称;

(2)申诉或提出抗诉人的姓名(名称),住所地或所在地以及在案件中的诉讼地位;

(3)其他案件参加人的姓名(名称)、住所地或所在地;

(4)第一审法院、上诉审法院和法律审查法院判决的内容;

(5)提出申诉或抗诉的法院判决、裁定;

(6)法院严重违反实体法和程序法影响案件审理结果的事实及其证据;

(7)申诉或提出抗诉的人的请求。

2. 不是案件参加人的申诉状应该指出,已经发生法律效力的法院裁判侵害其哪些权利或合法利益。

3. 如果申诉状或抗诉书曾在法律审查法院提出过,还应该指出该法院作出的判决。

4. 申诉状应该由申诉人或其代理人签字。由代理人提出申诉的,应附具委托书或证明代理人权限的其他文件。抗诉书应该由本法典第377条第3款所列检察长签字。

5. 申诉状或抗诉书应附具经法院验证过的法院就该案所作裁判的复印件。

6. 提交申诉状或抗诉书时,还应按照案件参加人的人数提交副本。

7. 申诉状应该附具证明已经按照法律规定的程序和额度交纳国家规费的单据,或者有权享受国家规费优惠的证明,或者法院关于延期、分期和减少国家规费的裁定。

第379条 此处内容根据联邦法律 04. 12. 2007 N 330-ФЗ 失效。

第379.1条 不进行实体审理而发还申诉状或抗诉书(Возвращение кассационных жалобы, представления без рассмотрения по существу)(联邦法律 09. 12. 2010 N 353-ФЗ)

1. 有下列情形之一的,法官在法律审查法院收到申诉状或抗诉书之日起10日内不进行实体审理而发还申诉状或抗诉书:

(1)申诉状或抗诉书不符合本法典第378条第1款第1项至第5项、第7项和第3款至第7款规定的要求;

(2)提出申诉或抗诉的人没有向法律审查法院提出申诉或抗诉的权利;

(3)通过法律审查程序对法院裁判提出申诉或抗诉的期限已经届满,且申诉、抗诉请求恢复期限的法院裁定未生效;

(4)在开始对申诉或抗诉进行实体审理前已经收到退还或撤回申诉或抗诉的请求;

(5)申诉或抗诉的提出违反本法典第377条规定的管辖规则。

2. 法律审查法院自收到申诉、抗诉之日起10日内驳回申诉、抗诉并不作实体审理。

第380条 此处原内容根据联邦法律 04. 12. 2007 N 330-ФЗ 失效。

第380.1条 法律审查法院收到申诉状、抗诉书后的行为(Действия суда кассационной инстанции после поступления кассационных жалобы, представления)(联邦法律 09. 12. 2010 N 353-ФЗ)

根据本法典第376条至第378条的规定,申诉状、抗诉书由下列人员审查:

(1)在共和国最高法院、边疆区、州法院、联邦直辖市法院、自治州法院、自治专区法院、军区（舰队）法院主席团，由相应法院的院长、副院长或上述法院的 1 名法官审查；

（2）在俄罗斯联邦最高法院民事审判庭、俄罗斯联邦最高法院军事审判庭由俄罗斯联邦最高法院法官审查。（联邦法律 12.03.2014 N 29-ФЗ、联邦法律 08.03.2015 N 23-ФЗ）

第 381 条 申诉或抗诉的审理（Рассмотрение кассационных жалобы，представления）（联邦法律 09.12.2010 N 353-ФЗ）

1. 本法典第 380.1 条所列的法官审查申诉状、抗诉书、案卷和附件，或调取案卷。当调取案卷时，法官有权根据申诉状、抗诉书中要求或其他意愿，裁定中止执行程序直至法律审查法院程序结束。

2. 根据对申诉、抗诉的审查结果，法官作出以下裁定：

（1）如果缺乏在法律审查法院重新审理案件的理由，则拒绝将申诉、抗诉移送至法律审查审判庭。在这种情况下，对法院裁判申诉、抗诉及其副本留在法律审查法院。

（2）将申诉、抗诉案件移送至法律审查法院审判庭进行再审。

3. 俄罗斯联邦最高法院院长和副院长有权否定俄罗斯联邦法官的拒绝移送申诉、抗诉案件至法律审查法院审判庭的裁定，并对拒绝移送申诉、抗诉案件至法律审查法院审判庭再审的裁定予以撤销。

4. 向俄罗斯联邦最高法院民事审判委员会或俄罗斯联邦最高法院军事审判委员会提出的本法典第 377 条第 2 款第 3 项和第 4 项列举的法院裁判的申诉、抗诉，当移送至法律审查法院审判庭进行再审的，应与案件一起发送给相应的俄罗斯联邦最高法院民事案件审判委员会或俄罗斯联邦最高法院军事审判委员会。（联邦法律 08.03.2015 N 23-ФЗ）

第 382 条 审理申诉、抗诉的期限（Сроки рассмотрения кассационных жалобы，представления）（联邦法律 09.12.2010 N 353-ФЗ）

1. 在法律审查法院，除俄罗斯联邦最高法院以外，审理申诉或抗诉案件的期限不超过 1 个月。如果案件未被调取，则不超过 2 个月。如果案件被调取，则从案件被调取之日起至进入到法律审查法院之前的时间不计算。

2. 在俄罗斯联邦最高法院的申诉、抗诉案件的审理期限不超过 2 个月，如果案件未被调取则不超过 3 个月。如果案件被调取，则从案件被调取之日起至进入到俄罗斯联邦最高法院之前的时间不计算。

3. 俄罗斯最高法院院长、副院长在调取的案件情况复杂的情况下，可以指示延长审理申诉、抗诉的期限至少 2 个月。

第 383 条 拒绝将申诉、抗诉移送法律审查法院实体审理的裁定（Определение судьи об отказе в передаче кассационных жалобы, представления для рассмотрения в судебном заседании суда кассационной инстанции）(联邦法律 09.12.2010 N 353-ФЗ)

拒绝将案件移送到法律审查法院实体审理的裁定应该包含以下内容：

（1）作出裁定的日期和地点；

（2）作出裁定的法官的姓名；

（3）提出申诉或抗诉的人的姓名；

（4）提出申诉或抗诉的法院裁判；

（5）拒绝将案件移送法律审查法院进行实体审理的理由。

第 384 条 将案件移送到法律审查法院进行实体审理的法院裁定（Определение судьи о передаче кассационных жалобы, представления с делом для рассмотрения в судебном заседании суда кассационной инстанции）(联邦法律 09.12.2010 N 353-ФЗ)

1. 将案件移送到法律审查法院进行实体审理的法院裁定应该包括如下内容：

（1）作出裁定的日期和地点；

（2）作出裁定的法官的姓名；

（3）将案件移送到哪个法律审查法院进行实体审理；

（4）提出申诉或抗诉的人的姓名；

（5）提出申诉或抗诉的法院裁判；

（6）叙述作出法院裁判的案件的内容；

（7）叙述移送案件进行实体审理的根据；

（8）作出裁定的法官的建议。

2. 法官将申诉状或抗诉书连同所作出的裁定以及案件材料一并移送到法律审查法院。

第 385 条 将案件移送到法律审查法院事宜通知案件参加人（Извещение лиц, участвующих в деле, о передаче кассационных жалобы, представления с делом для рассмотрения в судебном заседании суда кассационной инстанции）(联邦法律 09.12.2010 N 353-ФЗ)

1. 法律审查法院应将移送案件到法律审查法院审理的裁定副本和

申诉状或抗诉书的副本送交案件参加人。法院决定审理案件的时间,但应使案件参加人有可能出庭。

2. 案件参加人收到案件审理时间和地点的通知而不到庭的,不妨碍案件的审理。

第386条 法律审查法院审理案件的期限和程序(Сроки и порядок рассмотрения кассационных жалобы, представления с делом в судебном заседании суда кассационной инстанции)(联邦法律09.12.2010 N 353-ФЗ)

1. 法律审查法院应在法官作出裁定之日起1个月内开庭审理案件,俄罗斯联邦最高法院应在法官作出裁定之日起的2个月内开庭审理案件。

2. 有关法院主席团依照法律审查程序审理的案件,应由法院院长、副院长或根据他们的委托由主席团其他成员报告,或者由该法院未参加审理该案的其他法官报告。

在俄罗斯联邦最高法院民事审判庭、俄罗斯联邦最高法院军事审判庭,由审判庭的1名法官报告案件。(联邦法律12.03.2014 N 29-ФЗ、联邦法律08.03.2015 N 23-ФЗ)

3. 案件参加人、代理人、其他因被申诉或抗诉的法院裁判涉及权利和合法利益而对之提出申诉、抗诉的人员应该到庭。上述人员参加庭审可以依照本法典第155.1条规定的程序通过视频会议系统进行。(联邦法律26.04.2013 N 66-ФЗ)

4. 如果检察长是案件审理的参加人,则下列人员应该到庭:

(1)共和国、边疆区、州、联邦直辖市、自治州、自治区、军区(舰队)的检察长或副检察长应参加共和国最高法院、边疆区、州、联邦直辖市、自治州、自治区、军区(舰队)军事法院主席团审理案件;

(2)检察机关公职人员根据俄罗斯联邦总检察长的委托参加俄罗斯联邦最高法院民事审判庭和俄罗斯联邦最高法院军事审判庭审理案件。(联邦法律12.03.2014 N 29-ФЗ、联邦法律08.03.2015 N 23-ФЗ)

5. 法官报告人叙述案情、法院裁判的内容、申诉或抗诉的理由和提起法律审查程序的根据。

6. 本条第3款所列人员出庭的,有权对案件进行陈述。首先进行陈述的人是申诉人或提出抗诉的检察长。

7. 法律审查法院主席团根据案件审理结果作出裁判,对俄罗斯联邦最高法院民事审判庭和军事审判庭生效裁判的法律审查结果由俄罗斯联邦最高法院审判委员会作出裁定。（联邦法律 12.03.2014 N 29-ФЗ、联邦法律 08.03.2015 N 23-ФЗ）

8. 依照法律审查程序审理案件时，所有问题均按多数票表决。赞成依照法律审查程序再审或反对再审的票数相等时，申诉或抗诉视为被驳回。

9. 作出裁判和裁判的宣判应遵循本法典第 194 条和 193 条的规定。

10. 法律审查法院作出的裁判应当通知案件参加人。

第 386.1 条 法律审查法院审理对依简易程序作出的已发生法律效力的法院命令和判决的申诉、抗诉的程序（Порядок рассмотрения кассационных жалобы, представления на вступившие в законную силу судебный приказ и решение суда по делу, рассмотренному в порядке упрощенного производства）（联邦法律 02.03.2016 N 45-ФЗ）

1. 对依照简易程序审理的已发生法律效力的法院判决的申诉、抗诉，由法律审查法院依照本章规定审理，不通知案件参加人。

2. 法律审查法院发给案件参加人关于申诉、抗诉移送法律审查审的裁定的副本以及申诉、抗诉的副本。

3. 认为自己的权利和合法利益被法院判决直接侵害的案件参加人、代理人以及申诉、抗诉的其他人有权在法律审查法院审理申诉、抗诉前向法律审查法院解释案件。

4. 法律审查法院审理申诉、抗诉的时间从案件参加人有可能对案件进行解释时起算。

5. 考虑到要解决的问题特殊或复杂，申诉、抗诉的理由和反驳意见特殊或复杂的，法院可以通知案件参加人到庭。

6. 法官报告人叙述对案件作出法院裁判的内容，申诉或抗诉的理由和移送申诉、抗诉案件到法律审查法院的根据，甚至对案件进行解释的内容。

第 387 条 通过法律审查程序撤销或变更法院裁判的根据（Основания для отмены или изменения судебных постановлений в кассационном порядке）（联邦法律 09.12.2010 N 353-ФЗ）

严重违反实体法规范或诉讼法规范影响案件结果，如不消除此影响则不能恢复并保护被侵害的权利、自由和合法利益，甚至不能恢复并保护被侵害的公共利益，可以依照法律审查程序撤销或变更下级法院裁判。

第 388 条 法律审查审法院的裁判（Постановление или определение суда кассационной инстанции）（联邦法律 09.12.2010 N 353-ФЗ）

1. 根据法律审查的结果，法律审查法院裁判应包含以下内容：

(1)作出裁判的法院的名称和法庭组成人员；

(2)作出裁判的日期和地点；

(3)裁判的案件；

(4)要求对案件进行实体再审的申诉人或抗诉人的姓名；

(5)作出将案件移送法律审查审法院实体审理裁定的法官的姓名；

(6)被提出申诉或抗诉的法院裁判的内容；

(7)法律审查法院审理结论；

(8)法院审理结论的理由和所依据的法律。

2. 法院搁置申诉、抗诉，不支持申诉、抗诉请求的，应当说明理由。

3. 有关法院主席团的裁判由该法院院长签字，合议庭的裁定书由依照法律审查程序审理案件的法官签字。

第 389 条 原内容根据联邦法律 09.12.2010 N 353-ФЗ 自 2012 年 1 月 1 日起失效。

第 390 条 法律审查法院的权限（Полномочия суда кассационной инстанции）（联邦法律 09.12.2010 N 353-ФЗ）

1. 依照法律审查程序审理案件的法院有权：

(1)维持第一审法院、上诉审法院或法律审查法院的裁判，驳回申诉或抗诉。

(2)全部或部分撤销第一审法院、上诉审法院或法律审查法院的裁判并将案件发回重新审理；发回重新审理时可以指明另行组成合议庭重新审理的必要性。

(3)全部或部分撤销第一审法院、上诉审法院或法律审查法院的裁判，对申请不予审理或者终止案件程序。

(4)维持法院裁判的一项。

(5)在发现对实体法规范适用和解释上的错误时，撤销或变更第一审法院、上诉审法院或法律审查法院的裁判并作出新的裁判，不将案件发回重新审理。

(6)存在本法典第 379.1 条规定情形时，搁置上诉、抗诉案件，不予实体审理。

2. 法律审查法院在审理案件时，仅审理原法院在申诉或抗诉的申请范围内是否正确适用和解释实体法、程序法。法律审查法院有权基于法制的目的超出申诉、抗诉的申请范围。在此情况下,法律审查审法院无权审查没有申诉、抗诉部分的法院裁判的合法性,也无权审查未被申诉的法院裁判的合法性。

法律审查法院无权确认一审法院或上诉法院已经确认或已经推翻的证明情况,也无权预先确定证据可采性,证据效力大小,无权决定审判法院应当作出怎样的裁判。

3. 法律审查法院必须遵守上级法院对法律的解释。

第 391 条 法律审查法院的裁判发生法律效力(Вступление в законную силу постановления или определения суда кассационной инстанции)(联邦法律 09.12.2010 N 353-ФЗ)

法律审查法院的裁判自作出之日起发生法律效力。

第 41.1 章 监督审法院程序(ПРОИЗВОДСТВО В СУДЕ НАДЗОРНОЙ ИНСТАНЦИИ)
(联邦法律 09.12.2010 N 353-ФЗ)

第 391.1 条 通过监督程序对法院裁判的再审(Пересмотр судебных постановлений в порядке надзора)

1. 本条第2款所列的已发生法律效力的法院裁判,可以由案件参加人、因被申诉的法院裁判侵犯权利和合法利益的其他人,依监督程序向俄罗斯联邦最高法院主席团申请再审。

2. 可向俄罗斯联邦最高法院主席团提出的申诉:

(1)共和国最高法院、边疆区法院、州法院、联邦直辖市法院、自治州法院、自治区法院一审作出的并且已经发生法律效力的、属于俄罗斯联邦最高法院上诉审审理对象的判决;

(2)军区(舰队)军事法院一审作出的并且已经发生法律效力的、属于俄罗斯联邦最高法院上诉审审理对象的判决;

(3)俄罗斯联邦最高法院一审作出的并且已经发生法律效力、属于上诉审审理的对象的判决或裁定;

(4)俄罗斯联邦最高法院上诉审合议庭作出的裁定;

(5)俄罗斯联邦最高法院民事审判庭和俄罗斯联邦最高法院军事审判庭按照上诉审程序作出的裁定;(联邦法律 12.03.2014 N 29-ФЗ、联邦

法律 08.03.2015 N 23-ФЗ）

（6）俄罗斯联邦最高法院民事审判庭和俄罗斯联邦最高法院军事审判庭通过审判监督程序作出的裁定。（联邦法律 12.03.2014 N 29-ФЗ、联邦法律 08.03.2015 N 23-ФЗ）

3. 俄罗斯联邦总检察长、副总检察长有权向俄罗斯联邦最高法院主席团提出重新审理本条第 2 款所列的法院裁判的抗诉，如果检察长参加过案件的审理。

第 391.2 条 提出申诉、抗诉的程序和期限（Порядок и срок подачи надзорных жалобы，представления）

1. 申诉、抗诉直接向俄罗斯联邦最高法院提出。

2. 本法典第 391.1 条第 2 款所列法院裁判可以依照监督审程序在法院裁判生效后 3 个月内提出。

第 391.3 条 申诉状和抗诉书的内容（Содержание надзорных жалобы，представления）

1. 申诉状或检察长的抗诉书应该包括以下内容：

（1）接受申诉状或抗诉书的法院的名称；

（2）申诉人或提出抗诉的检察长的姓名（名称），住所地或所在地以及在案件中的诉讼地位；

（3）其他案件参加人的姓名（名称）、住所地或所在地；

（4）一审法院、上诉审法院和法律审查法院所作判决的内容；

（5）提出申诉或抗诉的法院判决、裁定；

（6）指出依照监督程序对法院裁判进行再审的理由和论据；

（7）申诉人或提出抗诉的检察长的请求。

2. 不是案件参加人的申诉状应该指出，已经发生法律效力的法院裁判侵害了自己哪些权利或合法利益。

3. 申诉状应该由申诉人或其代理人签字。由代理人提出申诉的，应附具委托书或证明代理人权限的其他文件。抗诉书应该由俄罗斯联邦总检察长或副总检察长签字。

4. 申诉状或抗诉书应附具经法院验证过的法院就该案件所作裁判的复印件。

5. 提交申诉状或抗诉书时，还应按照案件参加人的人数提交副本。

6. 申诉状应该附具按照法定情形、程序和额度交纳了国家规费、免交国家规费证明；或法院裁定缓交、分期交纳国家规费，或裁定少交国家规费的证明。

第 391.4 条 发还申诉状、抗诉书不进行实体审理（Возвращение надзорных жалобы，представления без рассмотрения по существу）

1. 有下列情形之一的，发还申诉状、抗诉书，对申诉、抗诉不进行实体审理：

（1）申诉状、抗诉书不符合本法典第 391.3 条第 1 款第 1 项至第 5 项和第 7 项、第 3 款至第 6 款规定的；

（2）提出申诉或抗诉的人没有向监督审法院提出申诉或抗诉权利的；

（3）通过监督程序对法院裁判提出申诉或抗诉的期限已经届满，无恢复申诉、抗诉期限的生效法院裁判的；

（4）收到退还申诉状、抗诉书，或撤回申诉、抗诉请求的；

（5）申诉或抗诉的提出违反本法典第 391.1 条第 4 款规定的管辖规则。

2. 监督审法院应当在收到申诉书、抗诉状的 10 日内发还，不予实体审理。

第 391.5 条 申诉、抗诉的审理（Рассмотрение надзорных жалобы，представления）

1. 根据本法典第 391.1 条至第 391.3 条的规定提出申诉、抗诉的案件，由俄罗斯联邦最高法院法官审查。

俄罗斯联邦最高法院法官根据申诉、抗诉所附具的材料，或调取案件所需的材料，审查申诉、抗诉。必要时，可以应申诉或检察长抗诉在监督审程序结束之前裁定中止执行法院判决。

2. 根据审查结果，俄罗斯联邦最高法院法官作出以下裁定：

（1）对于缺乏再审理由的法院裁判，拒绝将申诉、抗诉移送到俄罗斯联邦最高法院主席团审判庭审理。此时，申诉状、抗诉书及其副本仍留在监督审法院。

（2）将申诉、抗诉案件移送到俄罗斯联邦最高法院主席团审判庭进行审理。

3. 俄罗斯联邦最高法院院长、副院长有权否决俄罗斯联邦最高法院法官拒绝将申诉、抗诉案件移交给俄罗斯联邦最高法院主席团审判庭进行再审的裁定，并作出撤销该裁定的裁定，移送申诉、抗诉案件到俄罗斯联邦最高法院主席团审判庭再审的裁定。

第 391.6 条 申诉、抗诉的审理期限（Сроки рассмотрения надзорных

жалобы，представления）

1. 俄罗斯联邦最高法院审理申诉、抗诉案件的期限不超过 2 个月，如果不需要调取案卷，则不超过 3 个月，如果需要调取案卷，案卷调取到俄罗斯联邦最高法院之前的时间不计算在内。

2. 因案件复杂需调取案件时，俄罗斯联邦最高法院院长和副院长可以延长申诉、抗诉的审理期限，但不超过 2 个月。

第 391.7 条 拒绝将申诉、抗诉案件移送到俄罗斯联邦最高法院主席团进行实体审理的裁定（Определение об отказе в передаче надзорных жалобы，представления для рассмотрения в судебном заседании Президиума Верховного Суда Российской Федерации）

拒绝将申诉、抗诉案件移送到俄罗斯联邦最高法院主席团实体审理的法院裁定应该包括如下内容：

（1）作出裁定的日期和地点；

（2）作出裁定的法官的姓名；

（3）申诉人或提出抗诉的检察长；

（4）提出申诉或抗诉的法院裁判；

（5）拒绝将案件移送监督审法院实体审理的理由

第 391.8 条 将案件移送到监督审法院实体审理的法院裁定（Определение о передаче надзорных жалобы，представления с делом для рассмотрения в судебном заседании Президиума Верховного Суда Российской Федерации）

1. 将案件移送到监督审法院实体审理的法院裁定应包括如下内容：

（1）作出裁定的日期和地点；

（2）作出裁定的法官的姓名；

（3）将案件移送到哪个监督审法院进行审理；

（4）申诉人或提出抗诉的检察长的姓名（名称）；

（5）提出申诉或抗诉的法院作出的法院裁判的案件内容；

（6）移送案至俄罗斯联邦最高法院审判庭进行审理的根据；

（7）作出裁定的法官的意见。

2. 俄罗斯联邦最高法院法官将申诉状或抗诉书连同所作出的裁定以及案件材料一并移送到俄罗斯联邦最高法院主席团。

第 391.9 条 通过监督审程序撤销或变更法院裁判的根据（Основания для отмены или изменения судебных постановлений в порядке надзора）

如果俄罗斯联邦最高法院主席团依照监督审程序，确认本法典第391.1条所列举的法院裁判有下列情形之一的，应当撤销或变更：

（1）侵犯俄罗斯联邦宪法、公认法则、国际规则和俄罗斯联邦签署的国际条约所保护的人和公民的权利与自由的；

（2）侵犯不确定群体的权利和合法利益，或侵犯了其他公共利益的；

（3）法院破坏了对法律规则解释与适用的一致性的。

第391.10条 俄罗斯联邦最高法院主席团审判庭审理申诉、抗诉案件的程序和期限（Порядок и срок рассмотрения надзорных жалобы, представления с делом в судебном заседании Президиума Верховного Суда Российской Федерации）

1. 俄罗斯联邦最高法院主席团审判庭根据俄罗斯联邦最高法院法官关于移送申诉、抗诉案件到俄罗斯联邦最高法院主席团的裁定进行再审。

2. 俄罗斯联邦最高法院主席团应将申诉、抗诉案件移送到俄罗斯联邦最高法院主席团审判庭进行再审的裁定的副本和申诉状、抗诉书的副本寄送案件参加人。俄罗斯联邦最高法院主席团依照本法第10章规定，向案件参加人通知案件审理的时间和地点。俄罗斯联邦最高法院主席团以适当方式通知了案件参加人案件审理的时间和地点的人不到庭，不妨碍案件的审理。

3. 作出将申诉、抗诉案件移送到俄罗斯联邦最高法院主席团再审裁定的俄罗斯联邦最高法院院长或副院长，不得参加俄罗斯联邦最高法院主席团审判庭对该申诉、抗诉案件的审理。

4. 俄罗斯联邦最高法院主席团审判庭审理的申诉、抗诉案件，应在法官作出裁定之日起的2个月内开庭审理。

5. 案件参加人、代理人，其他因被申诉或抗诉的法院裁判涉及其权利和合法利益而提出申诉、抗诉的人可以到庭。上述人员可以利用视频会议系统，依照本法第155.1条规定的程序参加庭审。（联邦法律26.04.2013 N 66-ФЗ）

如果检察长出庭参加过案件审理，俄罗斯联邦最高法院主席团应当吸收俄罗斯联邦总检察长或副总检察长参加案件审理活动。

6. 依监督审程序在俄罗斯联邦最高法院主席团再审的案件，由俄罗斯联邦最高法院的法官报告案件。

7. 法官报告人叙述案情、对案件作出的法院裁判的内容、申诉或抗诉的理由和移送申诉、抗诉案件到俄罗斯联邦最高法院主席团审判庭的根据。

8. 如果本条第 4 款所列人员出庭,有权对案件进行陈述。首先陈述的应是申诉或抗诉人。

9. 根据审理结果俄罗斯联邦最高法院主席团作出裁决。

10. 在依照监督程序审理案件时,所有问题均按多数票表决。赞成依照监督程序再审或反对再审的票数相等时,申诉或抗诉应视为驳回。

11. 俄罗斯联邦主席团作出的裁决应当通知案件参加人。

第 391.11 条 根据俄罗斯联邦最高法院或副院长的报告,通过监督审程序对法院裁判进行再审(Пересмотр судебных постановлений в порядке надзора по представлению Председателя Верховного Суда Российской Федерации или заместителя Председателя Верховного Суда Российской Федерации)

1. 俄罗斯联邦最高法院院长或副院长,应利害关系人申诉或检察长抗诉,有权向俄罗斯联邦最高法院主席团报告,对法院裁判依监督程序进行再审,以消除严重违反实体法律规范和程序法律规范的情形。此种违法情形影响被申诉的法院裁判的合法性,剥夺了争议参加人在实体法律关系或程序法律关系中实现本法典所保护权利的可能性,包括享有司法审判权、辩论权、公平审判权和保障这些权利实现的权利。

2. 本条第 1 款所列举的申诉和检察长抗诉,可以在法院裁判生效之后 6 个月内提出。

3. 俄罗斯联邦最高法院院长或俄罗斯联邦最高法院副院长报告的案件,由俄罗斯联邦最高法院主席团依照本法典第 391.10 条规定的程序审理。

4. 作出报告的俄罗斯联邦最高法院院长、副院长,不得参加俄罗斯联邦最高法院主席团对审理报告案件的再审。

第 391.12 条 俄罗斯联邦最高法院主席团依照监督审程序对法院裁判再审时的权限(Полномочия Президиума Верховного Суда Российской Федерации при пересмотре судебных постановлений в порядке надзора)

1. 俄罗斯联邦最高法院主席团通过监督审程序再行审理申诉、抗诉后有权:

(1)维持一审法院、上诉审法院和监督审法院裁判,驳回依照监督审程序对案件进行再审。

(2)全部或部分撤销一审法院、上诉审法院和监督审法院裁判并发回重审。俄罗斯联邦最高法院主席团将案件发回重审时,可以责令必须另行组成合议庭审理。

(3)全部或部分撤销一审法院、上诉审法院和法律审查法院裁判,对申请不予审理或终结案件程序。

(4)维持法院裁判的一项。

(5)发现对实体法律规范在适用和解释上错误时,撤销或变更一审法院、上诉审法院或法律审查法院的裁判,作出新的裁判;

(6)根据本法第391.4条的规定,搁置申诉、上诉,不予实体审理。

2. 俄罗斯联邦最高法院主席团依照监督审程序对在上诉、抗诉范围内审理案件适用和解释实体法律规范和程序法律规范是否正确进行审查。俄罗斯联邦最高法院主席团基于法制目的有权超出上诉、抗诉的范围。此时俄罗斯联邦最高法院主席团无权在未被上诉、抗诉部分以外进行合法性审查,也不得对未被上诉、抗诉的法院裁判进行合法性审查。俄罗斯联邦最高法院主席团依监督审程序审理案件时,无权对一审法院、上诉审法院未确认或已推翻的证明情况进行确认或认可;不得预先决定证据效力大小,也不得预先决定应作出新判决的问题。

3. 俄罗斯联邦最高法院主席团的裁判由该法院审判庭庭长签字。

4. 俄罗斯联邦最高法院主席团法律解释的指示对于再审法院具有强制力。

第391.13条 俄罗斯联邦最高法院主席团裁判的内容(Содержание постановления Президиума Верховного Суда Российской Федерации)

俄罗斯联邦最高法院主席团的裁判应当指出:

(1)作出裁定的法院名称和法庭组成人员;

(2)作出裁定的法院的时间和地点;

(3)被作出裁定的案件;

(4)申诉人或抗诉人名称;

(5)作出将申诉、抗诉案件移送到俄罗斯联邦最高法院主席团审判厅进行审理的法官的姓名;

(6)申诉、抗诉的法院裁判的内容;

(7)俄罗斯联邦最高法院主席团审理申诉、抗诉案件后的结论;

(8)俄罗斯联邦法院主席团得出结论的理由和所依据的法律。

第 391. 14 条 俄罗斯联邦最高法院主席团裁判的生效（Вступление в законную силу постановления Президиума Верховного Суда Российской Федерации）

俄罗斯联邦最高法院主席团的裁判一经作出立即生效，不得申诉。

第 42 章　根据新发现的情况对已经发生法律效力的法院裁判再审（ПЕРЕСМОТР ПО ВНОВЬ ОТКРЫВШИМСЯ ИЛИ НОВЫМОБСТОЯТЕЛЬСТВАМ СУДЕБНЫХ ПОСТАНОВЛЕНИЙ，ВСТУПИВШИХВ ЗАКОННУЮ СИЛУ）（联邦法律 09.12.2010 N 353-ФЗ）

第 392 条 根据新发现的情况对已经发生法律效力的法院裁判再审的根据［Основания для пересмотра судебных постановлений, вступивших в законную силу（по вновь открывшимся или новым обстоятельствам）］（联邦法律 09.12.2010 N 353-ФЗ）

1. 对已经发生法律效力的法院裁判，可以根据新发现的情况进行再审。

2. 根据新发现的情况对已经发生法律效力的法院裁判再审的根据是：

（1）新发现本条第 3 款所列事项和法院作出裁判时案件就存在的情形。

（2）新情况是指本条第 4 款所列的在法院作出裁判之后发生的情形和对正确审理案件有意义的情形。

3. 新发现是：

（1）发现申请人不知道或不可能知道的重大情节。

（2）证人故意做虚假陈述；鉴定人故意做虚假鉴定结论、翻译人员故意做不正确的翻译、伪造证据等，导致作出了非法的或没有根据的裁判，而且上述事实由已经发生法律效力的刑事判决所确认。

（3）当事人、案件其他参加人、代理人以及法官在该案审理和解决时实施犯罪并且犯罪事实由已经发生法律效力的刑事判决所确认。

4. 新情况是：

（1）普通法院、仲裁法院的裁判或国家机关、地方自治政府的决议被撤销，而它们又是法院作出裁判的依据；

（2）承认普通法院、仲裁法院的生效判决无效,导致此案的法院裁判不合法或无根据;

（3）由于在具体案件当中不遵守俄罗斯联邦宪法,因此作出的裁判被向俄罗斯联邦宪法法院申诉,且俄罗斯联邦宪法法院确认的;

（4）法院在审理具体案件作出的裁判,引起申请人向欧洲人权法院申诉的,而欧洲人权法院确定裁判违反了公约关于保护人权和基本自由的原则;

（5）俄罗斯联邦最高法院主席团根据监督审程序依法审理具体案件作出的变更裁判,俄罗斯联邦最高法院主席团依监督审程序对另一案件的审理结果作出的变更裁判,俄罗斯联邦最高法院全体会议变更裁判的决议。

第 393 条 根据新发现的情况对法院判决、裁定进行再审的法院（ Суды, пересматривающие судебные постановления по вновь открывшимся или новым обстоятельствам）（联邦法律 09.12.2010 N 353-ФЗ）

已经发生法律效力的法院裁判由作出裁判的法院根据新发现的情况进行再审。上诉审、法律审查法院或监督审法院的裁判如果变更了法院判决或作出了新的判决,由改判或做出新判决的法院再审。

第 394 条 根据新发现的情况对法院裁判再审的申请（Подача заявления, представления о пересмотре судебных постановлений по вновь открывшимся или новым обстоятельствам）（联邦法律 09.12.2010 N 353-ФЗ）

根据新发现的情况对法院裁判再审的申请由当事人、检察长、案件其他参加人向作出裁判的法院提出。申请可以在确定再审根据之日起 3 个月内提出。

第 395 条 根据新发现的情况对法院裁判申请再审期限的计算（Исчисление срока подачи заявления, представления о пересмотре судебных постановлений по вновь открывшимся или новым обстоятельствам）（联邦法律 09.12.2010 N 353-ФЗ）

根据新发现的情况对法院裁判申请再审期限的计算办法:

(1)在第 392 条第 3 款第 1 项规定的情形下——自发现重大情节之时起计算。

(2)在第 392 条第 3 款第 2 项和第 3 项规定的情形下——自法院刑

事判决发生法律效力之日起计算。

（3）在第 392 条第 4 款第 1 项规定的情形下——自变更法院已生效裁判或国家机关、地方自治机关作出据以对生效裁判再审的决议之日起计算；或者自国家机关或地方自治机关作出据以对法院裁判再审的新的决议之日起计算。

（4）在本法第 392 条第 4 款第 2 项规定的情况下，自法院裁判生效之日起计算。

（5）在本法第 392 条第 4 款第 3 项规定的情况下，自俄罗斯联邦宪法法院的有关判决生效之日起计算。

（6）在本法第 92 条第 4 款第 4 项规定的情况下，自欧洲人权法院的有关判决之效之日起计算。

（7）在本法第 392 条第 4 款第 5 项规定的情况下，自俄罗斯联邦最高法院主席团判决生效之日起，自俄罗斯联邦最高法院全体会议决议公布之日起计算。

第 396 条 对根据新发现的情况对法院裁判再审申请的审理（Рассмотрение заявления, представления о пересмотре судебных постановлений по вновь открывшимся или новым обстоятельствам）（联邦法律 09.12.2010 N 353-ФЗ）

法院应开庭审理要求根据新发现的情况对法院裁判再审的申请，应将开庭时间和地点通知案件当事人、检察长、案件其他参加人，但他们不到庭不妨碍申请的审理。上述参加人可以按照本法典第 155.1 条规定的程序通过视频会议系统参加审理。（联邦法律 26.04.2013 N 66-ФЗ）

第 397 条 根据新发现的情况对法院裁判再审的法院裁定（Определение суда о пересмотре судебных постановлений по вновь открывшимся или новым обстоятельствам）（联邦法律 09.12.2010 N 353-ФЗ）

1. 法院在审理要求根据新发现的情况对法院裁判再审申请后，支持申请并撤销法院裁判，或者驳回再审申请。

2. 对法院支持或驳回根据新发现的情况对第一审法院裁判再审申请的裁定，可以提出上诉，检察长可以抗诉。

3. 如果法院裁判被撤销，则案件根据本法典规定的规则审理。

第五编　涉外案件的诉讼程序
(ПРОИЗВОДСТВО ПО ДЕЛАМ С УЧАСТИЕМИНОСТРАННЫХ ЛИЦ)

第43章　一般规定(ОБЩИЕ ПОЛОЖЕНИЯ)

第398条 外国人的诉讼权利和义务(Процессуальные права и обязанности иностранных лиц)

1. 外国公民、无国籍人、外国组织、国际组织(以下统称外国人)有权向俄罗斯联邦法院提出请求,以维护自己受到侵犯或被争议的权利、自由和合法利益。

2. 外国人享有与俄罗斯联邦公民和组织同等的诉讼权利并承担同等的诉讼义务。

3. 涉外案件的诉讼程序依照本法典和其他联邦法律进行。

4. 如果外国法院限制俄罗斯联邦公民和组织的诉讼权利,则俄罗斯联邦政府可以对该国公民和组织规定对等限制。

第399条 外国公民、无国籍人的民事诉讼权利能力和行为能力(Гражданская процессуальная правоспособность и дееспособность иностранных граждан，лиц без гражданства)

1. 外国公民、无国籍人的民事诉讼权利能力依其属人法。

2. 外国公民的属人法是其国籍所在国法。如果俄罗斯公民具有双重国籍,则其属人法为俄罗斯法。如果公民有多重国籍,则其属人法是其住所地国法。

3. 如果外国公民在俄罗斯联邦有住所地,则其属人法为俄罗斯法。

4. 无国籍人的属人法是其住所地国法。

5. 依照其属人法不具有诉讼行为能力的人,如果依照俄罗斯法具有诉讼行为能力,则在俄罗斯联邦境内视为具有诉讼行为能力。

第400条 外国组织和国际组织的诉讼权利能力(Процессуальная правоспособность иностранной организации и международной организации)

1. 外国组织的属人法是组织成立地国法。外国组织的诉讼权利能力根据属人法确定。

2. 依照其属人法不具有诉讼权利能力的外国组织,在俄罗斯联邦境内可以依照俄罗斯法视为具有诉讼权利能力。

3. 国际组织的诉讼权利能力依照设立该组织的国际条约、设立文件或与俄罗斯联邦主管机关的协定确定。

第 401 条 国际组织的诉讼 外交豁免权(Иски к международным организациям. Дипломатический иммунитет)(联邦法律 29.12.2015 N 393-ФЗ)

1. 在俄罗斯联邦签署的国际条约和联邦法律规定的范围内,对国际组织提起民事诉讼由俄罗斯联邦法院管辖。

2. 放弃司法豁免权的决定应当由上述国际组织依已确定的规则作出。在此情况下法院审理案件依本法典规定的程序进行。

3. 在民事案件中,外国国家派驻俄罗斯联邦的代表、俄罗斯联邦签署的国际条约或联邦法律所列其他人员,依公认的国际法原则和准则或俄罗斯联邦签署的国际条约,受俄罗斯联邦法院的管辖。

第 44 章　俄罗斯联邦法院对涉外案件的审判管辖
(ПОДСУДНОСТЬ ДЕЛ С УЧАСТИЕМ ИНОСТРАННЫХЛИЦ СУДАМ В РОССИЙСКОЙ ФЕДЕРАЦИИ)

第 402 条 审判管辖规则的适用(Применение правил подсудности)

1. 涉外案件的审判管辖根据本法典第 3 章的规则确定,本章另有规定的除外。

2. 涉外案件的被告为设立在俄罗斯联邦境内的组织或在俄罗斯联邦有住所地的个人,则俄罗斯联邦法院有权审理该涉外案件。

3. 有下列情形之一的,俄罗斯联邦法院也有权审理涉外案件:

(1)外国人的管理机关、分支机构或代表机构设在俄罗斯联邦境内;

(2)被告在俄罗斯联邦境内有财产,和(或)被告在俄罗斯联邦境内的电子信息国际互联网上发布广告吸引消费者;(联邦法律 13.07.2015 N 264-ФЗ)

(3)追索扶养费或确定父亲身份的案件,原告在俄罗斯联邦有住

所地;

(4)因致残、其他健康损害或供养人死亡的损害赔偿案件,而损害发生在俄罗斯联邦境内,或者原告在俄罗斯联邦境内有住所地;

(5)损害赔偿案件中财产损失及作为提出损害赔偿请求根据的行为或其他情况发生在俄罗斯联邦境内的;

(6)应该或者已经全部或部分在俄罗斯联邦境内执行的合同而发生的诉讼;

(7)因俄罗斯联邦境内发生的不当得利而产生的诉讼;

(8)离婚案件,原告在俄罗斯联邦有住所地或者夫妻一方为俄罗斯联邦公民;

(9)维护名誉、人格和商业信誉案件的原告在俄罗斯联邦;

(10)保护主体个人信息包括精神损害赔偿的原告在俄罗斯联邦有住所地的案件;(联邦法律 07.05.2013 N 99-ФЗ)

(11)终端国际互联网接入服务案件的原告在俄罗斯联邦有住所地的。

第 403 条 涉外案件的专属管辖(Исключительная подсудность дел с участием иностранных лиц)

1. 俄罗斯联邦法院专属管辖:

(1)俄罗斯联邦境内的不动产权利的案件;

(2)承运人在俄罗斯联邦境内的运输合同纠纷;

(3)俄罗斯联邦公民与外国公民或无国籍人均居住在俄罗斯联邦境内的离婚案件;

(4)此处原内容根据联邦法律 08.03.2015 N 23-ФЗ 自 2015 年 9 月 15 日起失效。

2. 有下列情况之一的,属俄罗斯联邦法院审理的特别程序案件:

(1)申请人居住在俄罗斯联邦境内,或者必须确认的事实曾经或正在俄罗斯联邦境内发生的确认法律事实的案件;

(2)申请对象是俄罗斯联邦公民或者居住在俄罗斯联邦的收养案件、宣告限制公民行为能力,认定公民无行为能力、认定或解除未成年人完全行为能力案件;(联邦法律 08.03.2015 N 23-ФЗ)

(3)申请认定失踪或宣告死亡的公民是俄罗斯联邦公民或者最后已知住所地在俄罗斯联邦,而且问题的解决将决定居住在俄罗斯联邦的公民、设立在俄罗斯联邦组织的权利和义务的;

（4）要求认定俄罗斯联邦境内的物为无主财产或认定自治地方对俄罗斯联邦境内的无主不动产的所有权；

（5）要求认定由居住在俄罗斯联邦境内的公民出具的或发给公民的已遗失无记名有价证券或凭证式有价证券无效以及要求恢复有价证券权利的申请（公示催告程序）。

第 404 条　涉外案件的协议管辖（Договорная подсудность дел с участием иностранных лиц）

1. 在涉外案件中，双方当事人有权在法院受理案件前达成变更案件审判管辖的协议（管辖协议）。

2. 当事人不得协议变更本法典第 26 条、第 27 条、第 30 条和第 403 条规定的涉外案件的审判管辖。

第 405 条　管辖恒定（Неизменность места рассмотрения дела）

俄罗斯联邦法院受理的案件，应由俄罗斯联邦法院进行实体审理，即使由于当事人的国籍、住所地或所在地发生变更或发生其他情况而使案件应由其他国家法院审判管辖。

第 406 条　外国法院审理案件的诉讼后果（Процессуальные последствия рассмотрения дел иностранным судом）

1. 如果就相同当事人、相同标的和相同理由的案件已经由外国法院作出了判决，而俄罗斯联邦签署的国际条约规定与该国相互承认和执行法院判决，则俄罗斯联邦法院应拒绝受理案件或终止案件的诉讼程序。

2. 如果外国法院的判决在俄罗斯联邦境内应予承认或执行，而就相同当事人、相同标的、相同理由的争议已经在外国法院提起诉讼，则俄罗斯联邦法院应退还诉讼申请或对申请不予审理。

第 407 条　法院委托（Судебные поручения）

1. 俄罗斯联邦法院应执行依照俄罗斯联邦签署的国际条约或联邦法律规定的程序送达的外国法院诉讼委托（送达通知和其他文件，听取当事人的解释、证人的陈述、鉴定结论，进行就地勘验等）。

2. 有下列情形之一的，不得执行外国法院诉讼委托：

（1）执行委托可能损害俄罗斯联邦的主权或威胁俄罗斯联邦的安全；

（2）执行委托不属于法院的权限。

3. 执行外国法院委托依照俄罗斯法规定的程序进行，但俄罗斯联邦签署的国际条约有不同规定的除外。

4. 俄罗斯联邦法院可以向外国法院提出诉讼委托。俄罗斯联邦法院与外国法院联系的程序由俄罗斯联邦签署的国际条约或联邦法律规定。

第 408 条 外国主管机关颁发、制作或证明的文件的承认（Признание документов, выданных, составленных или удостоверенных компетентными органами иностранных государств）

1. 外国主管机关在俄罗斯联邦境外依照外国法按规定格式颁发、制作或证明的涉及俄罗斯公民或组织或外国人的文件，如果经过认证，俄罗斯联邦的法院应予以接受，但俄罗斯联邦签署的国际条约或联邦法律另有规定的除外。

2. 用外国语制作的文件，在提交给俄罗斯联邦法院时，应同时提交经证明无误的俄文译本。

第 45 章 外国法院判决和外国仲裁裁决的承认与执行 [ПРИЗНАНИЕ И ИСПОЛНЕНИЕ РЕШЕНИЙ ИНОСТРАННЫХСУДОВ И ИНОСТРАННЫХ ТРЕТЕЙСКИХ СУДОВ (АРБИТРАЖЕЙ)]

第 409 条 外国法院判决的承认与执行（Признание и исполнение решений иностранных судов）

1. 外国法院的判决包括批准和解协议的判决，在俄罗斯联邦签署的国际条约规定的情形下，在俄罗斯联邦境内予以承认和执行。

2. 外国法院的判决是指民事判决（但不包括经济争议案件和与从事经营活动和其他经济活动有关的其他案件）、刑事判决中关于犯罪所造成损害的赔偿部分。

3. 外国法院的判决可以在外国法院判决发生法律效力之日起的 3 年内申请强制执行，如因正当理由逾期的，期限可以按照本法典第 112 条规定的程序由法院予以恢复。

第 410 条 强制执行外国法院判决的申请（Ходатайство о принудительном исполнении решения иностранного суда）

追索人要求强制执行外国法院判决的申请，由债务人在俄罗斯联邦的住所地或所在地的共和国最高法院、边疆区法院、州法院、联邦直辖市法院、自治州法院或自治区法院审理；如果债务人在俄罗斯联邦没有住所地或所在地，或者下落不明，则由其财产所在地的上述法院审理。

第 411 条　强制执行外国法院判决的申请书的内容（Содержание ходатайства о принудительном исполнении решения иностранного суда）

1. 要求强制执行外国法院判决的申请书应该包括以下内容：

（1）追索人的姓名，如果有代理人，还要包括其代理人的姓名，指出追索人及代理人的住所地；追索人是组织的，要指出其所在地。

（2）债务人的姓名、住所地；债务人是组织的，指出其所在地。

（3）追索人强制执行判决的请求，或者判决须自何时起执行的请求。

申请书还可以指出为正确和及时解决案件必需的其他内容，包括电话号码、传真号码、电子邮件地址。

2. 申请书应附具俄罗斯联邦签署的国际条约规定的文件，如果国际条约对此没有规定，则应附具下列文件：

（1）申请批准强制执行的外国法院判决的副本，并须经外国法院证明无误；

（2）证明判决已经发生法律效力的官方文件，如果从判决本身不能得出这一结论；

（3）关于执行判决的文件，如果判决曾在相应外国境内执行过；

（4）说明以下事实的文件：对败诉方和未参加诉讼的一方已经及时地以适当方式通知了案件审理的时间和地点；

（5）本款第 1 项至第 3 项所列文件经证明无误的俄文译本。

3. 要求强制执行外国法院判决的申请在公开审判庭审理，并应将开庭审理申请的时间和地点通知债务人。如法院知悉传票已经送达，则债务人没有正当理由不到庭，不妨碍申请的审理。如果债务人向法院提出改期审理的请求而法院认为这一请求是正当的，则法院应改期审理并将此情况通知债务人。

4. 法院听取债务人的陈述并审查所提交的证据，但对外国法院判决不作实质审理，作出强制执行外国法院判决的裁定或驳回申请的裁定。（联邦法律 29.12.2015 N 409-ФЗ）

5. 如果法院在解决强制执行问题时产生了疑问，可以要求提出强制执行外国法院判决申请的人作出解释，以及就申请的实质询问债务人，必要时还可以请求作出判决的外国法院作出说明。

6. 如果外国法院正在审理申请撤销或终止外国法院判决的案件，则法院可以根据当事人的申请搁置强制执行外国法院判决申请的审理。（联邦法律 29.12.2015 N 409-ФЗ）

7. 存在本条第 6 款规定的情形时,审理强制执行外国法院判决申请的法院可以根据提出申请方当事人的申请要求另一方当事人按照本法典的规定提供适当的保全。(联邦法律 29.12.2015 N 409-ФЗ)

8. 存在本条第 6 款所列的情形时,中止审理强制执行外国法院判决的申请,外国法院解决了申请撤销或终止执行外国法院判决之后恢复审理,并注意外国法院决议是否符合俄罗斯联邦签署的国际条约和联邦法律的规定。(联邦法律 29.12.2015 N 409-ФЗ)

9. 根据外国法院判决和法院已经发生法律效力的强制执行该判决的裁定发出执行命令,执行命令应送交外国法院判决执行地的法院。(联邦法律 29.12.2015 N 409-ФЗ)

第 412 条 驳回强制执行外国法院判决的申请(Отказ в принудительном исполнении решения иностранного суда)

1. 有下列情形之一的,允许驳回强制执行外国法院判决的申请:

(1)依照原判国家的法律,判决并未发生法律效力或者不应该予以执行。

(2)案件审理时间和地点的通知没有及时和以适当方式送达败诉方,败诉方因而失去了参加诉讼的可能。

(3)案件属于俄罗斯联邦法院专属管辖。

(4)俄罗斯联邦法院曾就相同当事人、相同标的和相同理由的争议作出过判决而且判决已经发生法律效力;或者就相同当事人、相同标的和相同理由的争议在外国法院提起前就已经在俄罗斯联邦法院提起案件而且案件正在诉讼过程中。

(5)判决的执行可能损害俄罗斯联邦的主权或威胁俄罗斯联邦的安全,或者违反俄罗斯联邦的公共秩序。

(6)申请强制执行判决的期限已经届满,而且该期限没有根据追索人的申请由俄罗斯联邦的法院予以恢复。

2. 如果俄罗斯联邦签署的国际条约没有另行规定,即使对外国法院判决持异议的人没有提出理由,法院也可以根据本条第 1 款第 3 项至第 6 项规定驳回强制执行外国法院判决的申请。

3. 依照本法典第 411 条第 4 款所作出裁定的副本,法院应在作出该裁定之日起的 3 日内送交追索人和债务人。对法院作出的强制执行外国法院判决的裁定可以依照本法典规定的程序和期限向上级法院提出上诉。(联邦法律 29.12.2015 N 409-ФЗ)

第 413 条 外国法院判决的承认（Признание решений иностранных судов）

1. 不需要强制执行的外国法院判决，如果利害关系人对此没有抗辩，则应予以承认，而不经任何后续程序。

2. 如果利害关系人在俄罗斯联邦、莫斯科市没有住所地、居所地，或者也没有财产在俄罗斯联邦、莫斯科市的，则利害关系人在知悉已经收到外国法院判决之后，可以在 1 个月内向其住所地、居所地或财产所在地的共和国最高法院、边疆区法院、州法院、联邦直辖、市法院、自治州法院或自治区法院提出对这一判决的抗辩。（联邦法律 29.12.2015 N 409-ФЗ）

3. 利害关系人对承认外国法院判决的抗辩应在公开审判庭审理，事先应将审理抗辩的时间和地点通知利害关系人。如果法院知悉传票已经送达利害关系人，则利害关系人没有正当理由不到庭，不妨碍对抗辩的审理。如果利害关系人向法院提出改期审理抗辩的请求，而该请求被法院认为是正当的，则法院变更审理的时间并将此情况通知利害关系人。

4. 法院在审理对承认外国法院判决的抗辩之后作出有关裁定。

5. 法院裁定的副本应在作出裁定之日起 3 日内送交在外国法院提出申请的人、代理人，以及对承认判决提出抗辩的人。对法院裁定可以依照本法典规定的程序和期限向上级法院提出上诉。

第 414 条 驳回承认外国法院判决的申请（Отказ в признании решения иностранного суда）

外国法院判决不应予以强制执行的，如果存在本法典第 412 条第 1 款第 1 项至第 5 项所列理由，则允许驳回承认外国法院判决的申请。

第 415 条 不需要后续程序的外国法院判决的承认（Признание решений иностранных судов, не требующих дальнейшего производства）

在俄罗斯联邦承认下列内容的不需要后续程序的外国法院判决：

原判法院国公民法律地位的判决；

俄罗斯公民和外国公民间的离婚和认定婚姻无效的判决，如果在案件审理时夫妻一方居住在俄罗斯联邦境外；

俄罗斯联邦公民间离婚或认定婚姻无效的判决，如果案件审理时夫妻双方均居住在俄罗斯联邦境外；

联邦法律规定的其他情况。

第 416 条 外国仲裁裁决的承认与执行［Признание и исполнение решений иностранных третейских судов（арбитражей）］

1. 本法典第 411 条至第 413 条的规则,除第 411 条第 2 款第 1 项至第 4 项、第 412 条第 1 款第 6 项外,均适用于外国仲裁裁决。

2. 要求承认或执行外国仲裁裁决的一方应该提交外国仲裁裁决的原件或其以应有的方式验证无误的裁决复印件,以及仲裁协议的原件或其以应有方式验证无误的复印件,如果仲裁裁决或仲裁协议是用外国语叙述的,则该方应该提交上述文件经验证无误的俄文译本。

第 417 条 驳回外国仲裁(法院)裁决承认与执行的申请[Отказ в признании и исполнении решений иностранных третейских судов (арбитражей)]

1. 有以下情形之一的,可以驳回外国仲裁(法院)裁决承认与执行申请:

(1)根据败诉方的请求,如果该方向被请求承认与执行的主管法院提交以下证据:

仲裁协议的一方当事人在某种程度上无行为能力或者根据双方服从的法律该协议无效,而在没有这种证据时,依照作出裁决的国家的法律该协议无效。

败诉方没有按应有的方式收到指定仲裁员或仲裁审理的通知,或者由于其他原因未能提交证据,或者裁决事项仲裁协议未规定或未列入仲裁协议条款,或者涉及仲裁协议范围外的问题。如果对仲裁协议范围内的问题与仲裁协议外的问题分开裁决的,则对仲裁协议范围内问题的裁决可以被承认和执行。

仲裁庭组成人员或仲裁审理不符合仲裁协议,或者由于没有仲裁协议而仲裁法庭组成人员或仲裁审理不符合外国仲裁法院所在国法律。

裁决尚未对当事人产生强制力,或者已经由作出裁决的国家或依照其法律作出裁决的国家的法院撤销或中止执行。

(2)法院确定,依照联邦法律该争议不能成为仲裁审理的对象,或外国仲裁法院裁判的承认和执行与俄罗斯联邦的公共秩序相抵触。

2. 如果向法院申请撤销外国仲裁法院的裁决或中止其执行,被要求承认与执行的法院认为必要时,可以推迟作出自己的判决。

3. 俄罗斯联邦签署的国际条约没有另行规定的,可以根据俄罗斯联邦 1993 年 7 月 7 日 5338-1 号关于国际行业仲裁的法律拒绝对外国仲裁裁决发出承认与执行命令。(联邦法律 29.12.2015 N 409-ФЗ)

第45.1章 外国国家参加诉讼
(ПРОИЗВОДСТВО ПО ДЕЛАМ С УЧАСТИЕМ ИНОСТРАННОГО ГОСУДАРСТВА)
(联邦法律 29.12.2015 N 393-ФЗ)

第 417.1 条 外国国家参加诉讼(Производство по делам с участием иностранного государства)

1. 在俄罗斯联邦提起对外国国家的诉讼、追加外国国家为被告或第三人,对外国国家位于俄罗斯联邦领域内的财产进行查封,对于这些财产采取诉讼保全措施的,依照法院判决的执行程序对这些财产进行追索,以及申请承认与执行外国法院判决有关位于俄罗斯联邦领域内的外国国家财产的案件,应当根据本法典规定的程序,俄罗斯联邦签订的国际条约另有规定的除外。

2. 审理外国国家参加的民事案件应当按照普通程序审理和本法典的本章第 43 和第 44 章的特别规定以及联邦其他立法的规定。承认和强制执行外国法院判决针对外国国家处于俄罗斯联邦领域内的财产的申请,由本法典第 45 章规定的程序和本章确定的特殊程序审理。

3. 法院审理和解决外国国家参加的民事诉讼案件的期限为向法院提起诉讼之日起 9 个月。

4. "外国国家"的概念是指《俄罗斯联邦外国国家和外国国家财产司法豁免法》对此概念的完整表述。

第 417.2 条 外国国家参加民事诉讼的主管与管辖(Подведомственность и подсудность гражданских дел с участием иностранного государства)

1. 俄罗斯联邦法院依照本法典第 3 章规定确定外国国家参加的民事诉讼的主管。

2. 除本法典第 25 条、第 27 条规定之外,外国国家参加民事诉讼的案件分别由共和国最高法院、区法院、州法院、联邦直辖市法院、自治州法院或自治区法院审理。

3. 对外国国家提起的诉讼向原告住所地或居住地法院提出。

4. 申请对外国法院关于外国国家位于俄罗斯联邦领域内的财产判决的强制执行,由此财产所在地法院审理。

第 417.3 条 外国国家和政府的司法豁免权、诉讼权利和义务（Юрисдикционные иммунитеты, процессуальные права и обязанности иностранного государства, представительство）

1. 外国国家和外国国家位于俄罗斯联邦领域内财产的司法豁免地位由《俄罗斯联邦外国国家和外国国家财产司法豁免法》确定。

2. 外国国家拥有与俄罗斯公民和组织相等的诉讼权利和诉讼义务，包括通过代理人在法院进行诉讼。外国国家代理人的权限根据授权或其他相应的文件确定。外国国家代理人资格根据俄罗斯联邦立法或者外国国家立法参照本法典第 408 条确定。

3. 外国国家代理人有权以被代理的外国国家的名义进行诉讼，除本条第 4 款外，不需要预先授权或者由相应外国国家提供文件。

4. 外国国家代理人进行如下诉讼活动，应有特别授权或在其他相应文件中专门声明：在起诉书上签字，承认诉讼，拒绝司法豁免、诉讼保全措施豁免、执行法院判决豁免，提出反诉、变更反诉的理由，签署和解协议，将代理权移交他人（转委托）、接受法院信息（包括法院判决的复印件），签名对法院裁定、判决提出上诉，由于新发现和新情况向法院申请再审，代收判决款项或其他财产。

第 417.4 条 诉状的提交（Подача искового заявления）

1. 涉及外国国家的诉状以及附属的材料应当符合本法典第 131 条、第 132 条的规定，并按照被告和第三人人数提交诉状和附属材料的副本。

2. 诉状还应当附具证明无误的、使用参加案件的外国国家官方语言的诉状及其附属材料，或官方语言之一的诉状或附属材料。

第 417.5 条 诉讼保全措施的特殊性（Особенности применения мер по обеспечению иска）

1. 法院根据案件参加人的申请，依照本法典第 13 章确定的程序采取诉讼保全措施，但是外国国家没有放弃国家豁免和对位于俄罗斯联邦领域内的外国国家财产保全措施豁免的除外。

2. 如果法院在审理过程中发现外国国家和位于俄罗斯联邦境内的外国国家财产适用财产保全措施豁免或者执行豁免且该外国国家没有放弃豁免的，法院采取的诉讼保全措施应当撤销。

第 417.6 条 向外国国家发送或交付信息和其他诉讼文件（Направление и вручение иностранному государству извещений и иных процессуальных документов）

1. 法院根据俄罗斯联邦签署的国际条约向外国国家送达外国国家在俄罗斯联邦法院被诉的信息和诉讼文件（下称法院信息）。

2. 以便由联邦有执行权的机关通过外交。如果俄罗斯联邦没有签署协议的，则法院将法院信息发送给联邦在人权方面有执行权的机关渠道发送（交付）。联邦有该执行权的机关是俄罗斯联邦调整国际关系、实现国家政治和人权保障的机关。

3. 寄送法院信息的外交通知书的副本发送给外国国家的专门机关，外国国家的专门机关收到外交通知书的日期，视为送达法院信息的日期。

4. 由外国国家通过外交途径发给俄罗斯联邦的回复、申请、辩解及其他诉讼文件，由联邦有全权司法执行权的机关发给上述审理外国国家民事案件的法院。

5. 如果外国国家代理人参加案件且按确定程序被授权的，法院可以将本条第 1 款至第 3 款所列的法院信息直接送达给外国国家代理人签收。

6. 依照本条规定向外国国家送达准备庭的法院信息或确定案件开庭审理的法院信息，不得迟于开庭前 6 个月。

7. 送达给外国国家的法院信息应当有 2 份，经法院确认无误后用适当的方式，使用参加案件的外国国家官方语言或官方语言之一发送。

第 417.7 条　法庭预审的特殊性和案件的终止（Особенности предварительного судебного заседания и прекращения производства по делу）

1. 根据本法典第 152 条规定准备预备庭时，在当事人参加下，法院可以解决该外国国家在审理争议的案件中有无司法豁免权的问题。

2. 如果已用适当的方式告知外国国家代理人法院预备庭的日期、时间和地点的，法院可以根据已掌握的材料作出判决。

3. 如果已掌握的案件材料不足以让法院就所审理的案件在预备庭作出该外国国家是否拥有司法豁免权的结论，则这个问题属于在法庭审理时要解决的问题。

4. 法院应当在判决中指明该外国国家是否拥有司法豁免权的情形和结论，是否享有诉讼保全豁免、执行豁免的根据。

5. 如果法院在预备庭或法庭审理中得出该外国国家拥有司法豁免权的结论，则应终止案件的审理。

第 417.8 条　国家机构参加案件（Участие в деле государственных

органов)

1. 联邦有执行权的机构(该机构在俄罗斯联邦调整国际关系、实现国家政治和保障人权)根据法院或根据当事人申请可以就俄罗斯联邦给予外国国家及其位于外国的财产司法豁免的问题出具结论。

2. 本法第 1 款所列的联邦有执行权的机关的结论可以作为外国国家参加案件的机关、组织和公职人员(国际)地位的根据,作为外国国家和外国国家位于俄罗斯联邦领域内成为争议标的的财产是否拥有司法豁免的根据,作为享有保全豁免和执行豁免的根据,作为判断外国国家是否给予俄罗斯联邦及俄罗斯联邦有执行权的机关的司法豁免权、司法豁免幅度的根据。

3. 本条第 1 款所列的联邦有执行权的机关的结论由法院依照本法关于评价证据的规则认定。

第 417.9 条 对等原则的运用(Применение принципа взаимности)

1. 如果法院在审理中查明,给予俄罗斯联邦在外国国家司法豁免权的幅度与俄罗斯联邦立法确定的审理争议时给予的这个国家的司法豁免权的幅度不等,法院可以主动或应当事人申请根据《俄罗斯联邦外国国家和外国国家财产司法豁免法》适用对等原则。

2. 外国国家给予俄罗斯联邦的司法豁免的幅度和俄罗斯联邦给予外国国家的司法豁免由法院根据当事人提供的和国家机关提供的证据为理由。

3. 法院说明理由的判决,针对对等原则的运用和外国国家司法豁免界限的符合,由法院在审理具体争议在法院案件审理作出结论的法院判决中载明。

第 417.10 条 缺席判决(Заочное решение)

1. 作为被告的外国国家的代理人没有正当理由不到庭,法院有权依照本法典第 22 章的规定缺席审判。缺席审判还应遵守下列条件:

1)根据本法典第 417.6 条规定已经依适当方式告知外国国家被诉信息、通知其参加诉讼以及庭审的时间和地点;

2)给外国国家发送针对其的诉讼文件不少于 6 个月的;

3)外国国家没有申请延迟庭审时间,或者法院认为延迟理由不正当的。

2. 依照本条第 1 款规定的条件,如果法院查明外国国家没有根据俄罗斯联邦法律的规定行使司法豁免权,可以作出外国国家缺席的民事判决。法院缺席判决的副本应在作出判决之日起 5 日内依照本法典第 417.6 条规定的程序发送给该外国国家。

3. 外国国家有权自收到依本法典第 417.6 条规定程序送达的判决书之日起 2 个月内,向作出判决的法院申请撤销判决。

4. 当事人可以在被告递交撤销该法院判决申请期限届满后 1 个月内按照上诉程序提出上诉。如果被告已经提出撤销判决申请的,可以在法院作出驳回撤销判决申请之日起 2 个月内提出上诉。

第 417.11 条 外国国家在法庭审理中的特权与豁免(Привилегии и иммунитеты иностранного государства в ходе судебного разбирательства)

1. 审理外国国家参加的民事案件时,对该外国国家不得适用诉讼罚金,也不得要求该外国国家提前缴纳与审理案件的有关诉讼费用。

2. 本法第 1 款规定不妨碍法院依照本法典第 7 章的规定追索外国国家对案件进行实体审理并根据审理作出法院判决的诉讼费用。

第 417.12 条 涉及外国国家的法院判决的执行程序(Порядок исполнения судебных решений в отношении иностранного государства)

涉及外国国家和外国国家位于俄罗斯联邦领域内的财产的法院判决的执行,承认和执行外国国家判决的执行,按照俄罗斯联邦执行程序法执行。法院将执行命令和法院裁判的副本发送给俄罗斯联邦主任司法警察。同时法院依照本法第 417.6 条规定的程序告知承认和执行外国国家法院判决的命令已经生效,且执行文件已交付俄罗斯联邦的主任司法警察执行。

第六编 协助和监督仲裁庭执行的程序
(联邦法律 29.12.2015 N 409-ФЗ)

第46章 对仲裁庭裁决异议案件的程序
(ПРОИЗВОДСТВО ПО ДЕЛАМ ОБ ОСПАРИВАНИИРЕШЕНИЙ ТРЕТЕЙСКИХ СУДОВ)

第418条 对仲裁庭裁决的异议(Оспаривание решения третейского суда)(联邦法律 29.12.2015 N 409-ФЗ)

1. 对仲裁庭和在俄罗斯联邦境内有仲裁地址的国际行业仲裁裁决,可以由仲裁双方当事人以及与仲裁裁决有权利义务关系的人依照本法典第419条提出要求撤销仲裁裁决的申请。检察官在仲裁裁决侵害了公民的权利和合法利益而他们又因为健康状况、年龄、无民事行为能力或其他正当理由不能独立反驳仲裁裁决时,有权申请撤销仲裁裁决。

2. 要求撤销仲裁裁决的申请应在申请方收到有关裁决之日起的3个月内向作出仲裁庭裁决的区域内区法院提出,但俄罗斯联邦签署的国际条约、联邦法律有不同规定的除外。按照仲裁协议,撤销仲裁裁决的申请可以由仲裁审理当事人向住所地或居所地的区法院提出。

3. 当事人、仲裁裁决涉及其权利义务的人、检察官有权自知道或应当知道仲裁裁决之日起3个月内向作出仲裁的仲裁庭所在地区法院申请撤销仲裁裁判。

4. 提出撤销仲裁庭裁决申请应缴纳国家规费,数额与联邦法律对发出强制执行仲裁庭裁决的执行命令规定的数额相同。

第419条 撤销仲裁庭裁决申请书的形式和内容(Форма и содержание заявления об отмене решения третейского суда)(联邦法律 29.12.2015 N 409-ФЗ)

1. 要求撤销仲裁庭裁决的申请以书面形式提出,并应由申请人或其代理人签字。

2. 要求撤销仲裁庭裁决的申请书应该指出:

(1)接受申请书的法院的名称;

（2）作出裁决的仲裁庭组成人员，地址、常设仲裁机构的名称、仲裁审理管理机关及其地址（如果有仲裁机构常设机关）；

（3）仲裁审理的双方当事人的姓名（名称）、住所地或居所地；

（4）作出仲裁庭裁决的日期和地点；

（5）申请撤销仲裁庭裁决的一方收到裁决的日期，或者不是仲裁裁决当事人，也不是权利义务关系人知道撤销仲裁裁决的日期；

（6）申请人撤销仲裁庭裁决的请求或对裁决提出争议的理由。

3. 申请书可以载明电话号码、传真号码、电子邮件地址和其他信息。

4. 要求撤销仲裁庭裁决的申请书应附具：

（1）仲裁庭裁决的原件或其经适当方式验证无误的复印件。常设仲裁庭裁决的复印件由常设仲裁庭庭长验证，解决具体争议的仲裁庭裁决的复印件应该经过公证。

（2）仲裁审理协议的原件或以适当方式验证无误的复印件。

（3）提交用以说明撤销仲裁庭裁决的根据的文件。

（4）证明已经按照联邦法律规定的程序和数额缴纳国家规费的单据。

（5）撤销仲裁庭裁决申请书的复印件。

（6）委托书或证明申请签字人权限的其他文件。

5. 为了实现本条第 4 款第 1 项、第 2 项目的，仲裁当事人、利害关系人有权在撤销仲裁裁决的申请中附具任何可以支持撤销仲裁裁决的材料。

6. 违反本条规定提出的撤销仲裁庭裁决申请书应退还给申请人，或者依照本法典第 135 条和第 136 条规定的规则予以搁置。

第 420 条 撤销仲裁庭裁决申请的审理程序（Порядок рассмотрения заявления об отмене решения третейского суда）（联邦法律 29.12.2015 N 409-ФЗ）

1. 要求撤销仲裁庭裁决的申请由法官在区法院收到申请之日起的 1 个月期限内按照本法典规定的一审规则独任审理，并注意本章的特别规定，自法院收到申请之日起不得超过 1 个月。

2. 法庭审理准备时，根据仲裁审理案件参加人的申请，法院可以按照俄罗斯联邦立法调取证据的规则从常设仲裁机构或有权保存仲裁案件材料的机关调取在区法院申请撤销其裁决的案件的材料。

3. 审理不是仲裁当事人，也不是权利义务关系人撤销仲裁裁决的申请时，法院必须吸收所有的仲裁案件当事人参加案件。

4. 区法院应将开庭的时间和地点通知仲裁审理的双方当事人。上述人员以适当方式收到关于开庭时间和地点的通知而不到庭的,不妨碍案件的审理。

5. 如果申请撤销仲裁裁决的原因为仲裁审理当事人没有以适当方式告知仲裁员的姓名或仲裁审理的时间、地点,或者当事人有正当理由没有进行陈述,仲裁内容不属于仲裁协议约定的争议或争议不符合条件,仲裁超出仲裁协议的范围,仲裁庭的组成、仲裁程序不符合当事人协议或联邦法律规定的,法院根据仲裁当事人的申请有权中止撤销仲裁裁决程序不超过 3 个月,以便仲裁庭恢复仲裁审理并消除撤销仲裁裁决的理由。恢复撤销仲裁裁决案件程序后,法院审理此申请时应当注意仲裁庭提前采取的消除撤销仲裁裁决目的的行为。

6. 在审理案件时,区法院在审判庭审查向法院提交的用以论证申请和抗辩的证据,确定是否存在本法典第 421 条规定的撤销仲裁庭裁决的理由,但是无权重新评判仲裁庭确认的情形,也不得对仲裁庭的仲裁裁决进行实质审理。

第 421 条 撤销仲裁庭裁决的根据(Основания для отмены решения третейского суда)(联邦法律 29.12.2015 N 409-ФЗ)

1. 只有在本条规定的情况下,仲裁庭裁决才得被撤销。

2. 法院可以根据本条第 3 款、第 4 款规定撤销仲裁裁决,还可以在根据本条第 4 款规定、即使当事人申请中没有附具明确理由的情形下撤销仲裁裁决。

3. 申请撤销仲裁裁决的一方当事人提交以下证据之一,仲裁庭裁决应该予以撤销:

(1)依照联邦法律规定,仲裁协议无效的。

(2)选择(指定)仲裁法官的事宜或仲裁审理的事宜包括仲裁庭开庭的时间和地点没有以适当方式通知申请方,或者申请方由于正当理由未能向仲裁庭提出自己的解释。

(3)仲裁庭裁决就仲裁协议未规定的争议或未列入仲裁协议条款的争议作出。如果对仲裁协议范围内的问题是与仲裁协议外的问题分开裁决的,则法院只能撤销仲裁庭裁决中就仲裁协议范围之外的问题作出的裁决。

(4)仲裁庭组成人员或仲裁审理程序不符合双方当事人的仲裁协议或不符合联邦法律。

（5）反对仲裁裁决的一方当事人没有以适当方式知晓仲裁员的选择或指定，或知晓仲裁时间、地点，或因为正当理由无法在仲裁庭陈述。

4. 如果法院确定以下情节，亦可撤销仲裁庭裁决：

（1）仲裁庭审理的争议依照联邦法律不能成为仲裁审理的对象；

（2）仲裁庭裁决违反俄罗斯法律的基本原则。

5. 国际行业仲裁庭的裁决可以根据俄罗斯联邦签署的仲裁条约和俄罗斯联邦 1993 年 7 月 7 日 5338-1 号关于国际行业仲裁的法律撤销。

第 422 条 法院对仲裁裁决异议案件的裁定（Определение суда по делу об оспаривании решения третейского суда）（联邦法律 29.12.2015 N 409-ФЗ）

1. 根据对要求撤销仲裁裁决异议案件的审理结果，法院作出撤销仲裁裁决或驳回撤销请求的裁定。

2. 撤销仲裁庭裁决或驳回撤销请求的法院裁定应包含以下内容：

（1）被要求撤销的仲裁庭裁决信息以及作出该裁决的地点；

（2）作出被要求撤销的裁决的仲裁庭的名称及仲裁庭组成人员；

（3）常设仲裁机构的名称、仲裁管理机构的名称，常设仲裁机构地址；

（4）仲裁审理的双方当事人的姓名；

（5）全部或部分撤销仲裁庭裁决还是全部或部分驳回申请人的请求；

（6）在驳回申请人要求全部或部分撤销仲裁裁决时，告知此判决的获胜方有可能收到根据本法典第 428 条规定的程序发出的强制执行仲裁裁决的执行命令，本法典第 425 条第 7 款第 3 项规定的俄罗斯联邦其他法院对强制执行同一仲裁裁决发出执行命令的情形除外。

3. 仲裁庭裁决的撤销不妨碍仲裁审理的当事人依照本法典规定的规则在向仲裁庭提出请求可能性没有丧失的情况下再次向仲裁庭或法院提出请求。

4. 如果仲裁庭裁决全部或部分撤销是因为仲裁协议无效，或者因为裁决就仲裁协议未规定的争议列入或未列入仲裁条款的争议作出，或者仲裁裁决被撤销是因为此争议根据俄罗斯联邦法律规定不得仲裁，或者仲裁裁决侵害了俄罗斯联邦公共利益时，则仲裁审理的双方当事人可以要求法院按本法典规定的一般规则对争议进行审理。

5. 对法院驳回撤销请求的裁定，可以依照本法典规定的程序和期限向法律审查法院提出上诉。

第 422.1 条 审理撤销仲裁庭先予执行裁决的申请（Рассмотрение

заявления об отмене постановления третейского суда предварительного характера о наличии у него компетенции)（联邦法律 29.12.2015 N 409-ФЗ）

1. 在联邦法律规定的情况下,仲裁审理的任何一方可以向仲裁庭所在地的区法院申请撤销先予执行仲裁裁决。

2. 当事人可以自收到仲裁裁决之日起 1 个月内申请撤销本条第 1 款所列仲裁庭先予执行裁决。

3. 法院依据本章规定审理撤销仲裁庭先予执行裁决的申请。

4. 如果法院在审理撤销仲裁庭先予执行裁决的申请前,仲裁庭已就相应争议作出裁决,则上述申请由于仲裁庭已经仲裁而被搁置不予审理。在此情况下,申请方有权在法院审理撤销仲裁裁决或发出强制执行仲裁庭裁决执行命令时援引相同的理由。

5. 法院根据对撤销先予执行申请的审理作出撤销上述裁决的裁定或驳回申请的裁定。

6. 本条第 5 款所列的裁定不得复议。

第 47 章　要求发出仲裁裁决强制执行命令案件的程序 (ПРОИЗВОДСТВО ПО ДЕЛАМ О ВЫДАЧЕИСПОЛНИТЕЛЬНЫХ ЛИСТОВ НА ПРИНУДИТЕЛЬНОЕИСПОЛНЕНИЕ РЕШЕНИЙ ТРЕТЕЙСКИХ СУДОВ) (联邦法律 29.12.2015 N 409-ФЗ)

第 423 条 仲裁裁决强制执行命令的发出（Выдача исполнительного листа на принудительное исполнение решения третейского суда）

1. 仲裁地点在俄罗斯联邦领域内的,发出仲裁庭和国际行业仲裁裁决强制执行命令的问题,由法院根据仲裁裁决胜诉方的申请进行审理。

2. 发出仲裁裁决强制执行命令的申请,在知悉债务人住所地或居所地的情况下向债务人住所地或所在地的法院提出,或者向仲裁审理的债务人一方财产所在地的法院提出。根据仲裁当事人的申请,也可以向作出仲裁裁决的仲裁机构所在地的区法院提出,或者向仲裁裁决胜诉方所在地的区法院提出。

第 424 条 发出仲裁裁决强制执行命令申请书的形式和内容（Форма

和содержание заявления о выдаче исполнительного листа на принудительное исполнение решения третейского суда）

1. 发出仲裁裁决强制执行命令申请以书面形式提出并应该由裁决的胜诉方或其代理人签字。

2. 发出仲裁裁决强制执行命令的申请书应该载明：

(1)接受申请的法院的名称；

(2)作出裁决的仲裁庭的名称和组成人员；

(3)常设仲裁机构的行政管理机关的名称和地址；

(4)仲裁审理双方当事人的姓名、住所地或居所地；

(5)作出仲裁庭裁决的日期和地点；

(6)申请方收到仲裁庭裁决的日期；

(7)申请人要求发出仲裁庭强制执行命令的请求。

3. 要求发出仲裁庭裁决强制执行命令的申请书应该附具以下文件：

(1)仲裁庭裁决的原件或其经适当方式验证无误的复印件。常设仲裁裁决的复印件由常设仲裁庭庭长验证，解决具体争议的仲裁庭裁决的复印件应该经过公证。

(2)仲裁协议的原件或经适当方式验证无误的复印件。

(3)证明已经按照联邦法律规定的程序和数额缴纳国家规费的单据。

(4)发出仲裁庭强制执行命令申请书的副本。

(5)证明申请签字人权限的委托书或其他文件。

4. 违反本条和本法典第 423 条规定提出的发出仲裁庭裁决强制执行命令申请书，应按照本法典第 135 条和第 136 条规定的规则予以搁置或退还给申请人。

第 425 条 发出仲裁庭裁决强制执行命令申请的审理程序（Порядок рассмотрения заявления о выдаче исполнительного листа на принудительное исполнение решения третейского суда）

1. 发出仲裁庭裁决强制执行命令的申请，由法官在法院收到申请之日起的 1 个月期限内按照本法典规定的规则独任审理。

2. 法庭审理准备时，根据仲裁审理当事人双方的申请，法官可以按照本法典调取证据的规则从仲裁庭调取在区法院申请执行命令的案件的材料。

3. 法院应将审判庭开庭的时间和地点通知仲裁审理的双方当事人。上述人员如以适当方式收到开庭时间和地点的通知而不到庭，不妨碍案件的审理。

4. 审理案件时,区法院通过审查向法院提交的用以论证申请和抗辩的证据,确定是否存在本法典第 426 条规定的驳回发出仲裁庭裁决执行命令的理由。法院无权重新评价仲裁庭已确定的事实,也无权评价仲裁庭对案件的实体裁决。

5. 发出仲裁裁决强制执行命令申请与撤销该仲裁裁决申请在同一法院审理时,法院可以按照本法典第 151 条第 4 款规定合并审理。

6. 俄罗斯联邦不同法院分别审理发出仲裁裁决强制执行命令申请与撤销该仲裁裁决申请的,受理申请在后的法院必须按照本法典第 215 条第 5 段规定中止本院已经开始的程序,等候受理申请在先的法院作出裁定。俄罗斯联邦不同法院同日分别收到发出仲裁裁决强制执行命令申请与撤销该仲裁裁决申请的,中止发出仲裁裁决强制执行命令申请的审理。

7. 根据本条第 6 款中止的程序恢复后,法院应当作出如下裁决:

(1)俄罗斯联邦其他法院作出撤销仲裁裁决裁定的,裁定拒绝发出强制执行仲裁裁决执行命令的申请;

(2)在俄罗斯其他法院依据本法典第 422 条第 2 款第 6 项规定作出裁定的情况下,依照本法典第 220 条第 3 段规定裁定终止发出强制执行仲裁裁决执行命令申请的审理程序;

(3)俄罗斯联邦其他法院发出强制执行仲裁裁决执行命令的,裁定拒绝撤销仲裁裁决的申请;

(4)俄罗斯联邦其他法院作出拒绝发出强制执行仲裁裁决执行命令裁定的,按照本法典第 220 条第 3 段规定终止撤销仲裁裁决申请的审理程序。

8. 在法院为使仲裁庭恢复仲裁程序以解决可能撤销或不予执行仲裁裁决的障碍而中止审理时,仲裁庭可以根据任何一方当事人在中止审理期间内的申请恢复仲裁审理。

第 426 条 驳回发出仲裁庭裁决强制执行命令申请的理由(Основания для отказа в выдаче исполнительного листа на принудительное исполнение решения третейского суда)

1. 只有在本条规定的情形下,法院可以驳回要求发出仲裁裁决强制执行命令的申请。

2. 根据本条第 4 款的规定,反对仲裁裁决一方当事人未附具明确理由的,法院可以驳回要求发出仲裁裁决强制执行命令的申请。

3. 反对仲裁裁决的一方当事人能够提供如下证据的,法院可以驳回要求发出仲裁裁决强制执行命令的申请:

(1)将争议提交仲裁的仲裁协议一方当事人没有完全行为能力;

(2)当事人提交仲裁事项所依据的法律已被废止。

(3)选择(指定)仲裁法官的事宜或仲裁审理的事宜包括仲裁庭开庭的时间和地点没有通知申请方,或者申请方由于其他正当理由未能向仲裁庭提出自己的解释。

(4)仲裁庭裁决就仲裁协议未规定的争议或未列入仲裁协议条款的争议作出的。如果对仲裁协议范围内的问题是与仲裁协议外的问题分开裁决的,则法院只能就仲裁协议范围之内的问题作出的该部分裁决发出强制执行命令。

(5)仲裁庭组成人员或仲裁审理程序不符合仲裁协议或不符合联邦法律。

4. 法院在下列情形下,也可以拒绝要求发出仲裁庭裁决强制执行命令的申请:

(1)仲裁庭审理的争议依照联邦法律不能成为仲裁审理的对象;

(2)执行仲裁裁决违反俄罗斯联邦公共秩序。仲裁裁决部分违反俄罗斯联邦公共秩序的,法院可以将此部分单列,仅承认或执行不违反俄罗斯联邦公共秩序的部分。

5. 法院可以根据俄罗斯联邦签署的国际条约和俄罗斯联邦 1993 年 7 月 7 日 5338-1 号关于国际行业仲裁的联邦法律拒绝发出国际行业仲裁裁决强制执行命令申请。

第 427 条 发出仲裁庭裁决强制执行命令的法院裁定(Определение суда о выдаче исполнительного листа на принудительное исполнение решения третейского суда)

1. 根据对发出仲裁庭裁决强制执行命令申请的审理结果,法院作出发出仲裁庭裁决强制执行命令的裁定或拒绝关于发出仲裁庭裁决强制执行命令。

2. 法院发出仲裁庭裁决强制执行命令的裁定应该包括以下内容:

(1)作出裁决的仲裁庭的名称、仲裁庭组成人员;

(2)常设仲裁机构的行政管理机关的名称、地址;

(3)仲裁审理的双方当事人的姓名(名称);

（4）申请人申请发出强制执行命令的仲裁裁决信息；

（5）发出仲裁庭裁决强制执行命令或拒绝发出强制执行命令的指示。

3. 拒绝发出仲裁裁决强制执行命令不妨碍仲裁审理的双方当事人在可能性尚未丧失的情况下再次向仲裁庭提出请求，或者依照本法典规定的规则向法院提出请求。

4. 如果要求发出仲裁裁决强制执行命令的申请被法院全部或部分驳回是因为仲裁协议无效，或者是因为裁决是就仲裁协议未规定的争议或未列入其条款的问题作出的，则仲裁审理的双方当事人可以要求法院按本法典规定的一般规则对争议进行审理。

5. 对法院发出的强制执行仲裁裁决命令的裁定，可以依照本法典规定的程序和期限向法律审查法院提出申诉。

第47.1章　法院协助仲裁庭案件的程序（ПРОИЗВОДСТВО ПО ДЕЛАМ, СВЯЗАННЫМ С ВЫПОЛНЕНИЕМ СУДАМИ ФУНКЦИЙ СОДЕЙСТВИЯ В ОТНОШЕНИИ ТРЕТЕЙСКИХ СУДОВ)(联邦法律 29.12.2015 N 409-ФЗ)

第 427.1 条　法院协助仲裁庭的案件（Дела, связанные с выполнением судами функций содействия в отношении третейского суда）

1. 如果仲裁地点位于俄罗斯联邦领域内，则协助执行仲裁庭裁决案件的审理适用本章规定。

2. 根据本章规定法院协助仲裁庭：

1）解决仲裁员回避问题；

2）解决指定仲裁员问题；

3）解决终止仲裁员权限问题。

3. 法院仅在联邦法律规定的情况下根据本条第 2 款协助仲裁庭。

4. 法院根据申请依照本条第 2 款协助仲裁庭。协助申请由个人或仲裁参加人提出。

5. 协助申请向相应仲裁庭所在地的区法院提出，期限自为申请协助人知道或应当知道协助理由之日起 1 个月内。

6. 协助申请应根据联邦法律规定的非财产性诉讼收费标准缴纳国家规费。

第 427.2 条 协助申请的要求（Требования к заявлению о содействии）

1. 协助申请应以书面形式提交,并由提交人或代理人签名。

2. 协助申请应当载明:

1)申请协助法院的名称;

2)正在审理案件的仲裁庭的组成;

3)常设仲裁机构的名称、仲裁管理机构及其地址;

4)仲裁案件当事人名称、地址或住址;

5)提出协助申请仲裁庭仲裁员或候补仲裁员的信息;

6)指明申请人向法院提出协助申请的理由,以及法院协助申请的联邦法律条文依据。

7)申请的要求和根据。

3. 协助申请还应载明申请人电话号码、传真号、电子信箱、地址和其他信息。

4. 协助申请应当附具:

1)经过适当方式确认的仲裁申请的副本以及被申请人收到该副本的证据。上述文件可以由常设仲裁机构的主席、相应的仲裁庭主席或公证予以确认。

2)经过适当方式确认的仲裁协议和仲裁协议的副本。

3)经过确认的向法院协助申请理由的文件。

4)论证申请人所提要求的文件。

5)按照联邦法律规定的程序和标准缴纳国家规费的文件。

6)证明或其他能证明申请人有权在协助申请上签字的文件。

5. 如果协助申请违反了本法第 427.1 条的规定和本条的规定,则根据本法第 135 条和第 136 条的规定,申请予以搁置或返还给提交人。

第 427.3 条 协助申请的审理程序（Порядок рассмотрения заявления о содействии）

1. 协助申请的案件由区法院法官依照本法典规定的审理一审案件的规则独任审理,特别之处在于审理此类案件的期限自向区法院提交申请之日起不得超过 1 个月。

2. 法院应当通知仲裁当事人法庭审理的时间和地点。以适当方式告知了上述人庭审时间和地点的,不妨碍案件的审理。

3. 法庭通过对呈给法院的申请和反驳的审理,确定是否有支持申请的理由。

4. 如果仲裁庭就本法典第427.1条第2款第1项规定的协助申请问题作出裁决,则协助申请由于已经仲裁庭审理而搁置不予审理。法院审理撤销仲裁裁决或发出强制执行仲裁裁决命令时,申请协助的一方当事人有权援引与协助申请相同的理由。

5. 根据本法典第17条的规定,本法典第427.1条第2款所列的协助仲裁庭的法官无权审理撤销仲裁裁决或发出强制执行仲裁裁决命令的案件。

第427.4条 支持协助请求的理由(Основания для удовлетворения заявления о содействи)

1. 法院确认仲裁员回避应同时符合下列条件:

1)申请仲裁员回避符合当事人确认的或联邦法律确认的程序,且根据此程序将仲裁员回避的问题移交法院审理;

2)仲裁员具有联邦法律规定的回避理由。

2. 法院确认指定仲裁员的申请应同时符合下列条件:

1)指定仲裁员遵守当事人确认或联邦法律确定的程序,且根据此程序将指定仲裁员的问题移交法院审理;

2)法院掌握符合联邦法律规定的指定仲裁员的必要信息。

3. 法院确认终止仲裁员职权的申请应同时符合下列条件:

1)终止仲裁员职权符合当事人确认或联邦法律确定的程序,且根据此程序将终止仲裁员职权的问题移交法院审理。

2)仲裁员具有联邦法律规定的应予终止职权的情形。

第427.5条 申请协助仲裁庭的法院裁定(Определение суда по делу о выполнении судами функций содействия в отношении третейского суда)

1. 通过对协助申请的审理,法院根据本法典第20章的规定作出裁定。

2. 协助仲裁庭的法院裁定应当具有以下内容:

1)审理争议的仲裁庭组成信息、所在地;

2)常设仲裁机构的名称、仲裁管理机关及其地址;

3)仲裁当事人名称;

4)陈述向法院申请协助的情形,明确指出申请协助所依据的联邦法律条文;

5)法院确定的全部或部分支持申请人的指示,或者全部或部分拒绝申请人的指示；

6)在申请人关于仲裁员信息的请求得到支持的情况下,还应写明仲裁员的回避、任命或终止职权问题就此解决。

3. 协助仲裁庭的法院裁定不得复议。

第七编　与执行法院裁判或其他机关决议有关的程序（ПРОИЗВОДСТВО，СВЯЗАННОЕ С ИСПОЛНЕНИЕМСУДЕБНЫХ ПОСТАНОВЛЕНИЙ И ПОСТАНОВЛЕНИЙ ИНЫХ ОРГАНОВ）

第 428 条　法院发出执行命令（Выдача судом исполнительного листа）

法院在法院裁判发生法律效力后将执行命令发给追索人，但法院作出裁判后立即发出执行命令的情形除外。执行命令发给追索人或者根据追索人的请求由法院转交执行。

本段原内容根据联邦法律 08.03.2015 N 23-ФЗ 自 2015 年 9 月 15 日起失效。

关于保全著作权和（或）邻接权的裁定的执行命令，在不迟于此裁定作出的第 2 日发给追索人。摄影作品和类似摄影作品除外。（联邦法律 24.11.2014 N 364-ФЗ）

法院发出的执行命令，可以按照联邦法律规定的程序用加密的专门的电子签名的电子文件发出。（联邦法律 08.03.2015 N 41-ФЗ）

2. 法院依照本法典第 130 条规定的规则发出执行命令。

3. 如果法院裁判中规定预先追索俄罗斯联邦预算体系内的预算资金，则为发出执行命令，应当由法院依确定程序为执行命令附具经验证的法院裁判的副本。执行命令及法院裁判的副本可以由法院以电子文件的形式发出。法官加密的电子签名的形式由俄罗斯联邦立法确定。（联邦法律 27.12.2005 N 197-ФЗ、联邦法律 08.03.2015 N 41-ФЗ）

4. 法院裁判发生法律效力之前的执行命令，除立即执行的之外，都是无效的，并由作出裁判的法院撤销。（联邦法律 02.10.2007 N 225-ФЗ）

5. 空白执行命令的形式、生产程序、计算、保管和注销，对执行命令的电子文件的形式要求由俄罗斯联邦政府确决。（联邦法律 02.10.2007 N 225-ФЗ、联邦法律 08.03.2015 N 41-ФЗ）

第 429 条　就一份法院判决发出数份执行命令（Выдача по одному решению суда нескольких исполнительных листов）

1. 每份法院判决发出一份执行命令。但是如果为了数名原告的利益或者针对数名被告,或者执行命令须送达不同地点,法院根据追索人的请求应该发出数个执行命令并确切指出执行地点或该执行命令应予执行的部分判决。(联邦法律 02.10.2007 N 225-ФЗ)

2. 根据法院民事判决或刑事判决追索被告连带金钱给付责任时,应追索人申请,应该发出数个执行命令。执行命令的数量与连带被告的人相同。每份执行命令均应指出追索的总金额,同时指出所有被告及其连带责任。

3. 根据法院预先保护电子信息网络包括国际互联网上除摄影作品以及类似摄影的方法形成的作品以外的著作权和邻接权裁定和限制接入国际互联网及禁止在国际互联网上非法传播著作权和(或)邻接权主体有关信息的判决,法院向追索人发出执行命令并根据追索人的请求通过大众信息传播媒介、大众交流和电子信息联络方式送交俄罗斯联邦有检查和监督职能的执行机关。(联邦法律 24.11.2014 N 364-ФЗ)

第 430 条 法院发出执行命令或法院命令的副本(Выдача судом дубликата исполнительного листа или судебного приказа)(联邦法律 05.05.2014 N 123-ФЗ)

1. 在执行命令或法院命令(执行文件)遗失的情形下,作出判决的法院、发出法院命令的法院可以应追索人申请发给执行文件的副本。

2. 要求发给执行命令副本的申请,可以在规定的将执行文件提请执和的期限内向法院提出,执行文件被执行司法警察、其他执行人或追索人遗失的,自知悉规定的将执行文件提请执行的期限已过的除外可以向法院提出发给执行文件副本,期限为自追索人知悉执行文件遗失之日起 1 个月内。

3. 要求发给副本的申请应在提出申请之日起 10 日内在审判庭审理。应将开庭的时间和地点通知案件参加人,案件参加人不到庭不妨碍发给副本的问题的解决。法院在审理要求发给执行文件副本时,应查明遗失执行文件的情况,并审查执行文件遗失的证据

4. 对法院发给副本的裁定可以提出复议。

第 431 条 遗失执行文件的责任(Ответственность за утрату исполнительного листа или судебного приказа)(联邦法律 02.10.2007 N 225-ФЗ)

公职人员因过错遗失发给他的执行文件,执行司法警察有权对其科处数额不超过 2000 卢布罚款。(联邦法律 11.06.2008 N 85-ФЗ)

第 432 条 执行文件提交执行期限的中断与恢复（Перерыв и восстановление срока предъявления исполнительного документа к исполнению）

1. 如联邦法律没有不同规定,执行文件提交执行的期限因其提交执行而中断,也因债务人部分履行法院裁判而中断。

2. 追索人由于法院认为正当的原因逾期未将执行文件提交执行的,已经迟误的期限可以恢复,但联邦法律有不同规定的除外。

3. 要求恢复迟误期限的申请应向发出执行文件的法院提出,或者向执行地的法院提出,并依照本法典第 112 条规定的程序审理。对法院恢复期限的裁定可以提出复议。

第 433 条 对执行文件的说明（Разъяснение исполнительного документа）（联邦法律 02.10.2007 N 225-ФЗ）

1. 如果执行文件中的要求不明确、措施不明确和执行程序不明确时,追索人、债务人或执行司法警察有权请求作出裁判的法院对已发出的执行文件就执行措施和执行程序进行说明。

2. 要求对执行文件进行说明的申请由法院自收到申请书之日起 10 日内在审判庭审理。

3. 要求对执行文件中根据俄罗斯联邦签署的国际条约归还非法进入俄罗斯联邦或滞留俄罗斯联邦的孩子,或要求实现孩子通行权的申请,由法院自收到申请后在 15 日内在审判庭审理。（联邦法律 05.05.2014 N 126-ФЗ）

第 434 条 法院裁判的延期或分期执行 执行方式和程序的变更 所判金额按消费价格指数调整（Отсрочка или рассрочка исполнения судебного постановления, изменение способа и порядка его исполнения, индексация присужденных денежных сумм）

如果存在使法院裁判或其他机关决议难于执行的情况,追索人、债务人、执行司法警察有权向原审法院或法院裁判执行地的法院提出延期执行或分期执行、变更执行方式和程序、按消费价格指数调整所判金额。双方当事人的申请和执行司法警察的报告依照本法典第 203 条和第 208 条规定的程序审理。

第 435 条 此处原内容根据联邦法律 02.10.2007 N 225-ФЗ 自 2008 年 2 月 1 日起失效。

第 436 条 法院中止执行程序的义务（Обязанность суда

приостановить исполнительное производство)（联邦法律 02.10.2007 N 225-ФЗ）

在《俄罗斯联邦执行程序法》规定的情形下，法院必须中止执行程序。

第 437 条 法院中止执行程序的权利（Право суда приостановить исполнительное производство）（联邦法律 02.10.2007 N 225-ФЗ）

在《俄罗斯联邦执行程序法》规定的情形下，法院有权中止全部或部分执行程序。

第 438 条 执行程序的恢复（Возобновление исполнительного производства）

1. 法院在确认造成中止执行的情况已经排除后，根据追索人、执行司法警察的申请或主动恢复执行程序。

2. 联邦法律规定的中止执行程序的期限可以由法院缩短。

第 439 条 执行程序的终止（Прекращение исполнительного производства）

1. 在《俄罗斯联邦执行程序法》规定的情形下，执行程序终止。（联邦法律 02.10.2007 N 225-ФЗ）

2. 在追索人放弃追索或追索人和债务人订立和解协议的情况下，适用本法典第 173 条规定的规则。

3. 如果执行程序终止，执行司法警察采取的所有执行措施均予以撤销。已经终止的执行程序不得重新提起。（联邦法律 02.10.2007 N 225-ФЗ）

第 440 条 中止或终止执行程序的程序（Порядок приостановления или прекращения исполнительного производства судом）（联邦法律 02.10.2007 N 225-ФЗ）

1. 中止或终止执行程序的问题由执行司法警察所在地的法院解决。该事项应通知追索人、债务人、执行司法警察，但他们不到庭不妨碍上述问题的解决。（联邦法律 02.10.2007 N 225-ФЗ）

2. 根据对中止或终止执行程序申请的审理结果，法院作出裁定，裁定应送交追索人、债务人以及正在执行执行文件的执行司法警察。

3. 对法院中止或终止执行程序的裁定可以提出复议。

4. 被法院中止的执行程序在排除造成中止的情况以后由同一法院恢复。

第 441 条 对执行司法警察公职人员的裁定及其行为提出异议的申

请（Подача заявления об оспаривании постановлений должностных лиц службы судебных приставов, их действий（бездействия））（联邦法律 02.10.2007 N 225-ФЗ）

1. 对俄罗斯联邦司法警察总队的决议、俄罗斯联邦主体司法警察总队的决议、司法警察长及其副职的作为（不作为）、执行司法警察的作为（不作为），追索人、债务人或其权利和利益因此而受损的人可以依照行政诉讼立法的规定提出异议。（联邦法律 08.03.2015 N 23-ФЗ）

2—3 内容根据联邦法律 08.03.2015 N 23-ФЗ 自 2015 年 9 月 15 日起失效。

4. 要求执行司法警察回避的申请被驳回时，可以依照行政诉讼法规定的程序提出复议。（联邦法律 08.03.2015 N 23-ФЗ）

第 442 条 在执行法院裁判或国家机关或其他机关决议时维护其他人的权利（Защита прав других лиц при исполнении судебного постановления либо постановления государственного или иного органа）

1. 如果执行司法警察在扣押财产时违反联邦法律，无论财产属于债务人或其他人，这种违法均为撤销财产扣押的根据。债务人撤销财产扣押的申请由法院依照本法典第 441 条规定的程序审理。申请可以在被扣押财产拍卖前提出。

2. 不是案件参加人提出的与被追索财产归属有关的争议，法院依照诉讼程序规则审理。

解除财产扣押（解除查封）的诉讼向债务人和追索人提出。如果财产的扣押或查封的进行与财产没收有关，则应没收财产的所有人和有关国家机关亦应追加作为被告。如果被扣押或被查封的财产已经拍卖，则诉讼还可对财产取得人提出。

如果支持于退还已拍卖的财产的诉讼请求，则财产取得人、追索人和债务人之间的争议根据诉讼程序规则进行审理。

3. 法官在确定本条第 1 款所列情况时，不论利害关系人是否提出申请，均必须撤销对全部财产的扣押或解除部分财产查封。

第 443 条 法院判决的执行回转（Поворот исполнения решения суда）

如果已经执行的法院判决被撤销，重新审理后作出的新判决完全或部分驳回诉讼请求，或者裁定终止案件程序或对案件不予审理，则执行原判决时为了原告的利益已经向被告人追索的一切应归还被告（法院判决的执行回转）。

第 444 条 第一审法院判决执行的回转程序（Порядок поворота исполнения решения суда судом первой инстанции）

1. 接受案件重新审理的法院，必须主动地解决法院判决执行的回转问题，对案件作出新的判决或裁定。

2. 如果重新审理案件的法院未解决法院判决执行的回转问题，被告有权向该法院提出法院判决执行回转的申请。该申请在审判庭审理。应将开庭时间和地点通知案件参加人，案件参加人不到庭不妨碍对法院判决执行回转申请的审理。

3. 对法院判决执行回转的裁定可以提出复议。

第 445 条 上诉审法院、法律审查审法院或监督审法院回转法院判决执行的程序（Порядок поворота исполнения решения суда судами апелляционной, кассационной или надзорной инстанции）

1. 上诉审法院、法律审查审法院或监督审法院，如果对争议作出了终审判决或裁定，或者终止了案件程序或对案件不予审理，则必须解决法院判决的执行回转，或者将案件移送至一审法院重新审理。（联邦法律 28.07.2004 N 94-ФЗ）

2. 如果上级法院的判决或裁定没有涉及法院判决的执行回转问题，则被告有权向一审法院提出有关的申请。（联邦法律 28.07.2004 N 94-ФЗ）

3. 如果上诉审法院撤销追索扶养费的法院判决，则只有被撤销的判决是根据原告虚假材料或提供的伪造文件作出时，才允许法院判决执行回转。

在下列案件中，如果依法律审查审法院或监督审程序被撤销的法院判决是根据原告的虚假材料或其伪造证据作出的，则允许法院判决执行的回转：因劳动关系产生的请求权而追索金钱的案件；追索科学、文学和艺术作品使用权报酬的案件；追索执行、发现、发明、实用新型、工业样品报酬的案件；追索扶养费的案件；因致残或其他健康损害以及供养人死亡而造成的损害赔偿案件。（联邦法律 09.12.2010 N 353-ФЗ）

第 446 条 不得根据执行文件追索的财产（Имущество, на которое не может быть обращено взыскание по исполнительным документам）

1. 对公民债务人的下列财产，不得根据执行文件进行追索：

住房（公民债务人部分），如果公民债务人和其家庭成员共同居住的属于他的房屋是唯一适于生活的房屋，但是如果该房屋系符合联邦法律

关于不动产抵押规定的抵押物的除外；（联邦法律 29.12.2004 N 194-Ф3）

前项所列客体所在的土地，以及与公民债务人从事经营活动无关的土地；（联邦法律 29.12.2004 N 194-Ф3、联邦法律 02.10.2007 N 225-Ф3）

家庭日常居住和生活使用的用品，以及个人物品（衣、鞋等），但贵重物品和其他奢侈品除外；

债务人从事职业活动所必需的财产，但价值超过联邦法律规定的最低劳动报酬额 100 倍的财产除外；

与从事经营活动无关的种畜、奶畜和役畜、鹿、兔、家禽、蜜蜂，以及养殖这些动物所必需的建筑物、构筑物和饲料；（联邦法律 02.10.2007 N 225-Ф3）

当前播种用的种子；

食品和总金额不少于债务人本人及其受供养人法定最低生活费；

债务人家庭每日做饭和住房在一个采暖季所必需的燃料；（联邦法律 02.10.2007 N 225-Ф3）

债务人因残疾所使用的交通工具和其他必需财产；

债务人获得的奖品、国家奖励、荣誉奖章和纪念章。

2. 不得依照执行文件追索的机构的财产的清单，由联邦法律规定。

3. 此处原内容根据联邦法律 09.02.2009 N 3-Ф3 自 2010 年 1 月 1 日起失效。

俄罗斯联邦总院

B. 普京

莫斯科　克里姆林宫

2002 年 11 月 14 日

联邦法律 138-Ф3